AF217701

Schiller | Wilhelm Tell

Lektüreschlüssel XL

für Schülerinnen und Schüler

Friedrich Schiller

Wilhelm Tell

Von Martin Neubauer

Reclam

Dieser Lektüreschlüssel bezieht sich auf folgende Textausgabe:
Friedrich Schiller: *Wilhelm Tell. Schauspiel.* Hrsg. von Uwe Jansen.
Stuttgart: Reclam, 2025 [u. ö.]. (Reclam XL. Text und Kontext,
Nr. 16168.)
Diese Ausgabe des Werktextes ist seiten- und zeilengleich
mit der in Reclams Universal-Bibliothek Nr. 12.

Lektüreschlüssel XL | Nr. 15520
2020 Philipp Reclam jun. Verlag GmbH,
Siemensstraße 32, 71254 Ditzingen
info@reclam.de
Druck und Bindung: Elanders Waiblingen GmbH,
Anton-Schmidt-Straße 15, 71332 Waiblingen
Printed in Germany 2025
RECLAM ist eine eingetragene Marke
der Philipp Reclam jun. GmbH & Co. KG, Stuttgart
ISBN 978-3-15-015520-2
reclam.de

Inhalt

1. Schnelleinstieg

Autor	Friedrich Schiller, 1759–1805, Militärarzt, Dramatiker, Historiker, Professor für Geschichte, freier Schriftsteller
Entstehungszeit und Veröffentlichung	• Entstehung: 1801–1804 → nach der Französischen Revolution, während der Napoleonischen Kriege • möglicher Impuls für Drama: Französische Besetzung der Schweiz durch Napoleon 1798 • Uraufführung: 17. März 1804 am Weimarer Hoftheater
Gattung	Drama
Quellen	Die alte Tell-Sage sowie die Geschichte von der Entstehung der Schweizer Eidgenossenschaft; Quellen für letzteren Stoff: *Chronicon Helveticum* (1734–1736) von Ägidius Tschudi und die *Geschichten Schweizerischer Eidgenossenschaft* (1786) von Johannes von Müller
Ort und Zeit der Handlung	Anfang des 14. Jahrhunderts: Die Schweizer Kantone Schwyz, Uri und Unterwalden gründen die Schweizer Eidgenossenschaft, um sich gegen die Willkürherrschaft der Vögte von Habsburg aufzulehnen.
Kernthemen	• Freiheitskampf der Schweiz • Entwurf eines positiven Gegenmodells zur Französischen Revolution • Ambivalenz des Helden Tell, Problematik des Tyrannenmords

Im Gegensatz zu Goethe kam Schiller in seinem Leben nicht weit herum. Was er an fremden Gegenden und Naturerscheinungen beschrieben hat, entnahm er Büchern oder mündlichen Berichten. Schiller hatte nie das Meer gesehen, dennoch vermochte er in seiner 1797 entstandenen Ballade »Der Taucher« aus eigener poetischer Anschauung die aufgewühlte See sprachgewaltig darzustellen. Auch die Schweiz kannte Schiller nur indirekt – und trotzdem hat sein Schauspiel *Wilhelm Tell* wie kein anderes das Bild geprägt, das sich folgende Generationen über dieses Land machen sollten.

Darüber, wie Schiller sich zur Arbeit an einem Tell-Drama entschlossen haben soll, existieren zwei Varianten. In der ersten ist es eigentlich Goethe gewesen, der vorgehabt hatte, den Stoff um den Schweizer Nationalhelden dichterisch zu bearbeiten. Dreimal besuchte Goethe die Schweiz, und gleich beim ersten Mal, im Jahr 1775, lernte er den Schauplatz der Tell-Sage kennen, die Gegend um den Vierwaldstättersee. In einem Brief von seiner letzten Reise 1797 äußerte er den Vorsatz, den Stoff später in einem Hexameter-Epos behandeln zu wollen,[1] doch trat der Plan später zugunsten anderer Projekte in den Hintergrund.

■ Anregung durch Goethe

---

1 Goethe an Schiller (14. Oktober 1797), in: Johann Wolfgang Goethe, *Sämtliche Werke, Briefe, Tagebücher und Gespräche*, 40 Bde., Bd. 31: *Briefe, Tagebücher und Gespräche vom 24. Juni 1794 bis zum 9. Mai 1805. Teil 1: Vom 24. Juni 1794 bis zum 31. Dezember 1799*, hrsg. von Volker C. Dörr und Norbert Oellers, Frankfurt a. M. 1998, S. 437–441, hier S. 439.

Goethe gab den Stoff freiwillig an seinen Freund Schiller ab – und hat später seinen Anteil am Werden des Erfolgsstücks wiederholt hervorgehoben, etwa wenige Jahre vor seinem Tod seinem Mitarbeiter Johann Peter Eckermann gegenüber: »In Schillern lag dieses Naturbetrachten nicht. Was in seinem Tell von Schweizerlokalität ist, habe ich ihm alles erzählt; aber er war so ein bewundernswürdiger Geist, daß er selbst nach solchen Erzählungen etwas machen konnte, das Realität hatte.«[2]

Die andere Variante berichtet von dem Kuriosum, Schiller habe sich für die Gestaltung eines Dramas erst entschieden, als er gerüchteweise hörte, dass er bereits daran arbeite.[3] Wie auch immer: Erste Indizien für seine Auseinandersetzung mit dem Tell-Stoff datieren aus der Zeit nach dem Abschluss seiner romantischen Tragödie *Die Jungfrau von Orleans*, also aus dem Jahr 1801; intensiver wurde die Arbeit am

2 Goethe zu J. P. Eckermann (18. Januar 1827), in: Goethe (s. Anm. 1), Bd. 39: *Briefe, Tagebücher und Gespräche*, Teil 12: *Johann Peter Eckermann: Gespräche mit Goethe in den letzten Jahren seines Lebens*, hrsg. von Christoph Michel, Frankfurt a. M. 1999, S. 207–214, hier S. 211.
3 Schiller an Christian Gottfried Körner (9. September 1802), in: Friedrich Schiller, *Werke. Nationalausgabe*, hrsg. im Auftrag der Nationalen Forschungs- und Gedenkstätten der klassischen deutschen Literatur in Weimar (Goethe- und Schiller-Archiv) und des Schiller-Nationalmuseums in Marbach von Norbert Oellers, Bd. 31: *Briefwechsel. Schillers Briefe 1. 1. 1801–31. 12. 1802*, hrsg. von Stefan Ormanns, Weimar 1985, S. 159–161, hier S. 160.

Wilhelm Tell allerdings erst 1803 nach Beendigung der *Braut von Messina*.

■ Quellen-
studium

Wie immer hat sich Schiller gründlich in den historischen Hintergrund seines gewählten Sujets vertieft. Seinen Verleger Cotta und seinen Freund Körner bat er, ihn bei der Materialbeschaffung für seine Arbeit zu unterstützen. Goethe berichtet davon, wie Schiller sein Zimmer mit Landkarten der Schweiz austapezierte und intensiv bis zur Erschöpfung schrieb, sich mit Kaffee wach hielt.[4] Die aufwendige Quellenarbeit schlug sich auch auf die Themenwahl seines lyrischen Schaffens nieder; so entstanden in jener Zeit Gedichte wie »Der Graf von Habsburg« (1803), »Berglied« (1804) und »Der Alpenjäger« (1804).

■ Schillers
letztes
vollendetes
Drama

Am 18. Februar 1804 notierte Schiller in seinen Kalender die Fertigstellung des Schauspiels. Der Dichter konnte noch die lebhafte Aufnahme seines Theaterstücks miterleben; etwa ein Jahr nach der Uraufführung in Weimar starb er. *Wilhelm Tell* ist nicht nur sein letztes vollendetes Drama geworden, sondern zusammen mit dem ersten Teil von Goethes *Faust* auch das volkstümlichste der deutschen Klassik.

4 Carl Friedrich Anton von Conta an seine Frau (27. Mai 1820), in: *Goethes Gespräche. Eine Sammlung zeitgenössischer Berichte aus seinem Umgang,* auf Grund der Ausg. und des Nachlasses von Flodoard Freiherrn von Biedermann, erg. und hrsg. von Wolfgang Herwig, 5 Bde., Bd. 3: *Erster Teil 1817–1825,* München 1998, S. 173 f.

2. Inhaltsangabe

Erster Aufzug

Erste Szene: Nicht nur ein aufziehendes Unwetter stört die beschauliche ländliche Idylle am Vierwaldstättersee, sondern auch ein Mann, der vor den Reitern des Landvogts auf der Flucht ist: Konrad Baumgarten hat den kaiserlichen Burgvogt erschlagen, als sich dieser an dessen Frau vergehen wollte. Er bittet den Fischer Ruodi, ihn an das andere Ufer zu setzen, doch dem ist die Aufgabe angesichts des Sturms zu gefährlich. Der zufällig vorbeikommende Tell nimmt sich mutig des Verfolgten an und bringt ihn über den See. Die Schergen des Vogts haben das Nachsehen; ihre Wut darüber reagieren sie mit Brandschatzung und Zerstörung ab.

■ Tell rettet Baumgarten

Zweite Szene: Zur selben Zeit am gegenüberliegenden Schwyzer Ufer des Sees: Vor seinem Haus verabschiedet sich Werner Stauffacher von Pfeiffer von Luzern, seinem Gast. Dieser warnt ihn vor dem Haus Habsburg und mahnt, sich ans Reich zu halten. Stauffacher ist sich sehr wohl bewusst, dass er in Glück und Wohlstand lebt, diese Sicherheit aber trügt, weil er dem Landvogt Geßler ein Dorn im Auge ist. Stauffachers Gattin Gertrud rät ihrem Mann, er solle sich zusammen mit anderen Unzufriedenen aus den Kantonen Uri und Unterwalden absprechen, wie man einem Schlag des Vogts zuvorkommen und das Joch der Tyrannei abstreifen könne. Stauffacher schau-

■ Stauffachers Sorge

dert es beim Gedanken an die Verheerungen eines bewaffneten Aufstandes, sieht aber letztlich keine Alternative dazu. So will er nach Uri aufbrechen, um sich dort mit seinem Freund Walther Fürst zu besprechen. Mittlerweile hat Tell das rettende Ufer erreicht und übergibt Baumgarten dem Schutz Stauffachers.

Dritte Szene: In Altdorf werden Stauffacher und Tell Zeugen, wie man die Schweizer auf Geßlers Befehl dazu antreibt, an der Errichtung seiner Zwingburg Uri zu arbeiten. Ein Ausrufer kündigt an, dass Geßler mitten im Dorf eine Stange mit einem Hut aufpflanzen werde, ein Symbol für die Hoheit der Habsburger, dem jeder Vorbeikommende unter Androhung schwerster Strafe seine Ehrerbietung zu erweisen habe. Stauffacher versucht Tell für ein gemeinsames Vorgehen gegen die Unterdrücker zu gewinnen, doch bleibt er damit erfolglos: Tell meint sich aus der Entscheidung heraushalten zu können, will aber im Ernstfall seiner Freundespflicht nachkommen. Sobald sich die beiden voneinander verabschiedet haben, versetzt ein Unfall die Arbeiter in helle Aufregung. Die spontane Hilfe des wohlhabenden Ritterfräuleins Bertha von Bruneck wird zurückgewiesen, da sie in den Augen der Schweizer zu den Unterdrückern zählt.

Vierte Szene: Erfolgreicher ist Stauffacher bei Tells Schwiegervater Walther Fürst. Dieser hat dem jungen Arnold von Melchthal Unterschlupf gewährt, der aus seinem väterlichen Haus in Unterwalden nach Uri geflüchtet ist, weil er einen in Diensten des Vogtes von

■ Tell verweigert sich der gemeinsamen Sache

■ Stauffacher bei Walther Fürst

Landenberg stehenden Mann verletzt hat. Stauffacher berichtet von Baumgartens Schicksal und davon, dass der Vogt dem alten Melchthal für die Tat seines Sohnes die Augen habe ausstechen lassen. Dieser verzweifelt darüber, seinen Vater im Stich gelassen zu haben, und schwört blutige Rache. Die Männer beschließen im Namen der drei Waldstätte, denen sie angehören, sich gegen die habsburgische Zwangsherrschaft zur Wehr setzen zu wollen. Ein Treffen mit jeweils zehn Getreuen auf dem Rütli soll das weitere Vorgehen klären.

Zweiter Aufzug

Erste Szene: Die Frage, wie der österreichischen Fremdherrschaft zu begegnen sei, sorgt für eine Entzweiung zwischen dem greisen Freiherrn von Attinghausen und seinem Neffen Rudenz. Der Onkel muss mit Schmerz sehen, wie wenig dem jungen Mann die Werte von Volksverbundenheit und Unabhängigkeit bedeuten. Die Mahnung, sich seiner Herkunft zu besinnen, bleibt fruchtlos: Der Opportunist Rudenz hat sich auf die Seite der Österreicher geschlagen, weil er sich dadurch nicht nur gesellschaftliches Ansehen, sondern auch die Gunst Berthas erhofft.

■ Attinghausen und sein Neffe Rudenz

Zweite Szene: Auf der Rütliwiese treffen die Männer aus Unterwalden, Schwyz und Uri zusammen, um als Volksversammlung eine Entscheidung über ihr gemeinsames Vorgehen zu treffen. Private Interessen stehen gegenüber der allgemeinen Sache zurück:

■ Rütlischwur

So berichtet Melchthal, wie er seinem blinden Vater begegnet sei und auf die Ausübung seiner Rache verzichtet habe, um als Kundschafter notwendigere Aufgaben für die Gemeinschaft zu leisten. Streitparteien vergessen über dem verbindenden Ziel alten Hader, und auch die Frage, wem die Ehre des Vorsitzes gebühre, wird mit der Wahl des Altlandammanns Reding zur Zufriedenheit aller gelöst. Stauffacher umreißt den Zweck der Zusammenkunft: Es gelte, die alte Eidgenossenschaft zu erneuern. Um die gemeinsamen Wurzeln lebendig in Erinnerung zu rufen, erzählt er von der Herkunft der Schweizer, wie sie sich unter den Schutz des Kaisers gestellt und sich im Gegenzug dazu verpflichtet hätten, ihm beim Schutz des Reiches beizustehen. Diese alte Ordnung sei jedoch durch Unterdrückung und Willkür aufgelöst worden. Der Anschluss an Österreich und die Anrufung des obersten Herrschers als schlichtende Autorität werden als Lösungsmöglichkeiten gleichermaßen verworfen; als einziger Ausweg bleibt somit der gewaltsame Widerstand gegen die Tyrannei. Über die Frage, ob man zuwarten oder einen schnellen Schlag riskieren solle, erhebt sich ein Disput, der aber sofort beigelegt wird. Der gemeinsame Beschluss, einig handeln und dabei besonnen vorgehen zu wollen, wird mit einem Eid feierlich besiegelt.

Abb. 1: »Rütlischwur«, Fresko von Ernst Stückelberg in der Tellskapelle. – Wikimedia Commons / Roland Zumbühl, Arlesheim / CC BY-SA 3.0

Dritter Aufzug

Erste Szene: Hedwig, der die Kühnheit ihres Gatten schon immer große Sorge bereitet hat, will Tell davon abhalten, in Altdorf seinen Schwiegervater zu besuchen, weiß sie doch, dass der Landvogt im Dorf weilt. Die Erzählung Tells, wie er Geßler einmal im Gebirge begegnet sei, kann die Frau nicht beruhigen, zumal ihr Gatte den Vogt dabei in einem Augenblick der Schwäche erlebt hat. Trotz ihrer Warnung, vor Geßlers Unversöhnlichkeit auf der Hut zu sein, bricht Tell zusammen mit seinem Sohn Walther auf.

■ Tell bricht nach Altdorf auf

    Zweite Szene: Während einer Jagd nutzt Rudenz

die Gelegenheit, mit Bertha unter vier Augen zu sprechen. Bestürzt muss er feststellen, dass es die falsche Taktik war, sich Österreich anzudienen, um dadurch das Herz der Geliebten zu gewinnen, denn Bertha steht auf der Seite des einfachen Volks. Rudenz glaubt sich deshalb von ihr verachtet, doch gesteht sie ihm ihre Zuneigung und muntert ihn zum Handeln für seine Landsleute auf. Zusammen entwerfen sie das Bild einer gemeinsamen Zukunft, in der sie ihr Glück mit dem des Volkes teilen.

Dritte Szene: Auf einer Wiese bei Altdorf wachen zwei Söldner darüber, dass jeder Vorübergehende den Hut auf der Stange grüßt. Tell erzählt seinem Sohn vom freien Leben in den Bergen und vom unfreien in der Ebene. Er versäumt dabei, den Hut zu grüßen, worauf ihn Frießhart, der Diensteifrigere der beiden Wächter, verhaften möchte. Die Landleute sind empört, der Ausbruch eines Tumults wird aber durch Geßler und dessen Gefolge verhindert. Der Landvogt lässt sich den Vorfall berichten und verfügt, dass Tell – als Meisterschütze bekannt – zur Probe seines Könnens seinem Sohn einen Apfel vom Kopf schießen solle. Selbst unter Geßlers Begleitern ist das Entsetzen über diese unmenschliche Forderung groß: Weder Berthas Bitte noch das Flehen der Schweizer vermag das Herz des Despoten zu rühren, und Rudenz, der dem Vogt vorwirft, nicht im Sinne des Kaisers zu handeln, ist sogar bereit, sein Schwert zu ziehen – da ertönt der allgemeine Jubelruf, dass der

Schütze den Apfel getroffen habe. Der verblüffte

Geßler will von Tell wissen, warum er vor seinem Schuss einen zweiten Pfeil beiseitegetan habe; der Befragte zögert anfänglich, doch als ihm der Vogt sein Leben zusichert, antwortet er, dass er ihn damit getötet hätte, wäre sein Knabe beim Apfelschuss ums Leben gekommen. Der Landvogt lässt Tell – wie versprochen – nicht umbringen, hat aber einen Vorwand, ihn zur Abschreckung aller gefangennehmen und per Schiff zur Burg nach Küßnacht bringen zu lassen.

Vierter Aufzug

Erste Szene: Um die Sache der Schweizer steht es nicht gut: Tell ist gefangen, und der alte Attinghausen liegt im Sterben. Über dem Vierwaldstättersee tobt ein furchtbares Unwetter – für den Fischer am Ufer nichts anderes als die Empörung der Natur über den Frevel der Unterdrücker. Draußen auf dem Wasser kämpft das Schiff des Landvogts mit den Elementen. Damit er es sicher durch das Unwetter steuern kann, hat Tell von Geßler die Fesseln gelöst bekommen, ■ Tells Flucht später aber mit einem kühnen Sprung an Land seine Freiheit wiedergewinnen können. Der Fischer, dem Tell von seiner Rettung erzählt, gibt ihm seinen Sohn als Führer nach Küßnacht mit und macht sich auf, um Hedwig von der glücklichen Wendung zu berichten.

Zweite Szene: Am Sterbebett Attinghausens haben sich dessen Freunde versammelt. Hedwig kann ■ Attinghausens Tod es nicht fassen, dass ihr Mann mit dem Apfelschuss das Leben des Sohnes aufs Spiel gesetzt hat, und macht seinen Freunden zum Vorwurf, nichts zu Tells Befreiung beigetragen zu haben. Bei Attinghausen flackert ein letzter Lebensfunke auf; um ihn nicht ohne Hoffnung für sein Vaterland sterben zu lassen, enthüllen ihm Melchthal, Walther Fürst und Stauffacher das Geheimnis des Rütlischwurs. Mit der Vision einer Schweiz, die frei aus blutigen Kämpfen erstehen werde, und mit der Aufforderung zur Einigkeit schließt der Greis seine Augen für immer. Sein Neffe Rudenz kommt zu spät. Als neuer Lehensherr will er das Freiheitswerk seines Onkels weiterführen, doch begegnen die Versammelten seinem Gesinnungsumschwung zunächst mit Misstrauen. Er eröffnet ihnen, dass er vom Rütlischwur gewusst, aber Stillschweigen bewahrt habe, und überredet die Anwesenden zu entschlossenem Handeln, da Bertha von Geßler entführt worden ist.

Dritte Szene: In der hohlen Gasse, dem Weg nach Küßnacht, lauert Tell mit der Armbrust dem Landvogt auf. Er sinniert über die Bereitschaft zum Töten, die die Unmenschlichkeit des Tyrannen in ihm geweckt hat. Ein Hochzeitszug und ein Gespräch mit dem Flurschützen Stüssi reißen Tell aus seinen Gedanken, da wird Geßlers Kommen angekündigt. Die Bäuerin Armgart wirft sich ihm in den Weg und fleht um Gnade für ihren Mann, der schon seit Monaten im Verlies schmachtet. Ungerührt kündigt der Landvogt an, künftig ein noch strengeres Regiment führen zu wollen, als ihn Tells Pfeil trifft. Geßler stirbt unter den Augen der neugierigen Hochzeitsgesellschaft.

■ Tell tötet Geßler

Rudolph der Harras, der Stallmeister des Landvogts, ahnt, dass der Tod seines Herrn das Signal zum allgemeinen Aufstand geben wird.

Fünfter Aufzug

Erste Szene: Die Volkserhebung hat das ganze Land erfasst; auch die Leute von Uri zerstören ihre Zwingburg. Melchthal berichtet Walther Fürst, wie er zusammen mit Rudenz Bertha aus Geßlers brennender Burg gerettet und die Fürsprache seines Vaters die Schonung des Landenbergers Vogt erreicht habe, der den Alten hat blenden lassen. Der Hut auf der Stange, früher Symbol der Unterwerfung, wird zum Zeichen der neu erworbenen Freiheit erklärt. Diese gilt es ab nun auch gegen den Zorn Habsburgs zu verteidigen. Da bringen der Pfarrer Rösselmann und Stauffacher die Nachricht, dass König Albrecht von seinem Neffen Johannes Parricida von Schwaben umgebracht worden sei. Die Attentäter seien für vogelfrei erklärt worden, im Land herrsche Chaos – für die Eidgenossen ein glücklicher Umstand, da es heißt, dass die Königswürde auf die Luxemburger übergehen werde. Somit beschließen sie, sich aus der Verfolgung der Mörder herauszuhalten.

■ Erfolg der Aufständischen

    Zweite Szene: Die Freude im Hause Tells über die Rettung des Vaters und die Befreiung der Schweizer wird durch einen unheimlichen Mönch gestört, der sich als der flüchtige Schwabenherzog Parricida entpuppt. Er hofft, ausgerechnet bei Tell Barmherzigkeit

■ Tell und Johannes Parricida

zu finden, doch weist ihn dieser schroff zurück. Während Tell aus Notwehr getötet hat, um seine Familie zu schützen, hat das Motiv des Königsmörders einzig in der Ehrsucht gelegen. Tell rät dem Flüchtigen, beim Papst in Rom um Vergebung zu flehen, und beschreibt ihm den Weg nach Italien.

Dritte Szene: Vor Tells Haus preisen die Landleute zusammen mit dem Paar Rudenz und Bertha in einem Schlusstableau die neu gewonnene Freiheit.

3. Figuren

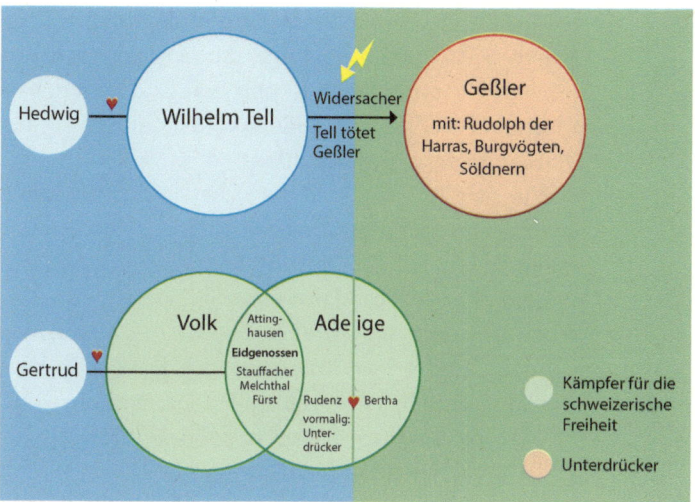

Abb. 2: Figurenkonstellation

Wilhelm Tell

Das Wort ›Drama‹ kommt vom griechischen Wort *drān* für ›tun‹ oder ›handeln‹. Von einem Drama wird erwartet, dass es ein Geschehen auf die Bühne bringt, aus dessen Entfaltung heraus Spannung erzeugt wird. Damit verbunden ist häufig die Entwicklung einzelner Figuren: Sie werden oft dadurch interessant, dass sie am Ende des Stücks nicht so handeln, wie man es anfangs von ihnen erwartete.

■ Entwick-
lung der
Dramenfi-
gur

Wilhelm Tell ist so ein Fall. Zuerst ist er jemand, der sich aus allen gemeinschaftlichen Entscheidungen heraushält, die der Veränderung der allgemeinen Lage dienen. Später ist er derjenige, der maßgeblich daran beteiligt ist, diese Veränderung herbeizuführen. Ein politischer Mensch ist er jedoch weder am Anfang des Dramas noch an dessen Schluss.

Wie sich Tell im Laufe des Schauspiels verändert, ist an der Art abzulesen, wie er spricht. Schon in der ersten Szene, bei der Rettung Baumgartens, beweist er, dass er nicht der Mann vieler Worte ist, sondern lieber gleich zur Tat schreitet. Die Grundsätze seines Handelns und seiner Anschauungen fasst er in kur-

■ Sentenzen
und Blank-
verse

zen, eingängigen Formulierungen zusammen: »Der brave Mann denkt an sich selbst zuletzt« (S. 13), »Beim Schiffbruch hilft der Einzelne sich leichter« (S. 27), »Früh übt sich, was ein Meister werden will« (S. 70), »Die Axt im Haus erspart den Zimmermann« (S. 72), »Wer gar zu viel bedenkt, wird wenig leisten« (S. 72), »Es kann der Frömmste nicht im Frieden bleiben, / Wenn es dem bösen Nachbarn nicht gefällt« (S. 122) – und andere mehr. Viele dieser Sentenzen sind zum populären Zitatengut geworden. Unterstützt von der rhythmischen Prägnanz des Blankverses liefern sie griffige Formulierungen, mit denen sich leicht kontern lässt – allzu leicht, und da liegt auch das Problem: Indem Tell auf solch allgemein gültige Denksprüche zurückgreift, kann er sich Reflexion und argumentative Auseinandersetzung ersparen.

Ganz anders in der dritten Szene des vierten

Aufzugs, im einzigen großen Monolog des Dramas (S. 117–120). An dieser Stelle wird die Innenwelt des Tatmenschen Tell ausgebreitet, wird der Wortkarge zum ungewohnt Beredsamen, der über sein Handeln Rechenschaft ablegt. Tell hat sich verändert, in seiner Sprache wie auch in seinem Handeln: Der zuvor friedfertige Bergschütz sieht sich zum Mord entschlossen – zu einem Tun genötigt, das seinem eigentlichen Wesen fremd ist. Seine naive Geradlinigkeit, die ihn auf Geßlers Fangfrage nach dem zweiten Pfeil unverblümt und arglos hat antworten lassen, ist verschwunden, wenn er nun verborgen im Hinterhalt lauert.

Tells Monolog: Sprache zeigt Veränderung

Als Jäger zeichnet Tell Kühnheit ebenso aus wie Einzelgängertum. Das Vokabular der Jagd prägt auch seinen großen Monolog, allerdings werden die Metaphern ironisch umgedeutet: »Waidwerk« (S. 119) nennt Tell es, wenn er Geßler auflauert; »edles Wild« (S. 120) ist der Landvogt selbst; und das Verdienst, das Land vom Unterdrücker befreit zu haben, ist schlechthin »das Beste« (S. 120) – im speziellen Wortsinn der Siegespreis beim Schützenfest, dessen Metaphorik den Schlussteils des Monologs prägt (S. 120).

Jägersprache

Der Monolog Tells musste sich viel Kritik gefallen lassen. Zu den frühesten, die daran etwas auszusetzen hatten, zählte der Theaterdirektor August Wilhelm Iffland, der *Wilhelm Tell* 1804 in Berlin zur Aufführung brachte:

Kritik an Tells Monolog

»Das Bildnis Tells hatte den lieblichen Schimmer verloren, die Vernunft konnte den langsamen, festen Vorsatz des Mordes begreifen; aber ich weiß nicht, was sich inwendig regte und mir zuflüsterte: so lange sollte Tell vor dem Morde nicht da stehen und mit sich allein dabei reden. Freilich heißt dies Reden eigentlich denken, und soll nicht Reden bedeuten; allein diese Bemerkung vergisst sich und Tell verliert darüber.«[5]

Der große Umfang war die eine vermeintliche Schwachstelle, an der Kritiker des Selbstgesprächs einhakten; dessen Unvereinbarkeit mit dem sonst so naiven und spontanen Charakter Tells war die andere – wie etwa Besprechungen Johann Friedrich Schinks (1805) oder Joseph von Eichendorffs (1854) zeigten. Für Schiller selbst galt diese Passage hingegen als »das Beste im ganzen Stück«[6].

Tatsächlich soll sich in dieser moralischen Rechtfertigung des geplanten Attentats einiges aufklären, was den biederen Familienvater den letzten Ausweg im Mord suchen lässt. Tells Bereitschaft zur Gewalt stellt sich als bloße Reaktion auf fremde Gewalt dar: nicht als Rache, sondern als Notwehr, zu der er sich gegenüber den kommenden Generationen verpflichtet sieht.

■ Notwehr

5 August Wilhelm Ifflands Fragebogen an Schiller, in: Schiller (s. Anm. 3), Bd. 10: *Die Braut von Messina. Wilhelm Tell. Die Huldigung der Künste*, hrsg. von Siegfried Seidel, Weimar 1980, S. 452–460, hier S. 457 f. [Zitate mit historischer Rechtschreibung sind im Lektüreschlüssel auf Grundlage der gültigen amtlichen Rechtschreibregeln orthographisch behutsam modernisiert.]
6 Schillers Antwort an Iffland: Schiller (s. Anm. 5), S. 457.

Zugleich enthüllt sich an dieser Stelle auch die persönliche Tragik Tells: Durch die äußeren Verhältnisse zu einer extremen Tat gezwungen, hat der Held seine Unschuld verloren.

Onkel und Neffe Attinghausen

Onkel und Neffe Attinghausen sind als Repräsentanten des bodenständigen Adels von den anderen Schweizern abgehoben. Der alte **Freiherr Werner von Attinghausen** sieht es als Aufgabe, Schirmherr seiner Untertanen zu sein, vertritt daher eine positive ständische Ordnung. Damit steht er sowohl in Gegensatz zu Geßler, dessen Autorität nicht die des Patriarchen, sondern des Tyrannen ist, als auch zu seinem Neffen **Ulrich von Rudenz**, dem die Verantwortung für die Seinen zunächst herzlich egal ist. Attinghausens Lob der Heimat stößt bei ihm auf taube Ohren: Für ihn ist das Haus Habsburg der stärkere Magnet. Rudenz, dem »die Heimat / Zur Fremde« (S. 42) geworden ist, muss zur vaterländischen Gesinnung erst bekehrt werden.

■ Der Schweizer Adel

Arnold von Melchthal

Was Rudenz an Bereitschaft zur patriotischen Tat fehlt, besitzt Arnold von Melchthal im Übermaß. Er wirkt so, als ob er einem der frühen Sturm-und-Drang-Dramen Schillers entsprungen wäre: ein jugendlicher Feuerkopf, aufbrausend in seinen Reaktio-

■ Leidenschaftlich und tollkühn

nen, der tollkühn zur Tat drängt, als er von der Misshandlung seines Vaters hört. Sein vom Rachedurst angetriebener, ungestümer und unbesonnener Mut kann von Walther Fürst und Stauffacher jedoch in ruhigere Bahnen gelenkt werden, damit er der gemeinsamen Sache dient und nicht schadet. Die Dämpfung der Leidenschaften geht so weit, dass der junge Melchthal am Ende sogar auf die Tötung des für die Blendung seines Vaters verantwortlichen Vogts verzichtet.

Walther Fürst und Werner Stauffacher

■ Treibende Kräfte des Aufstandes

Walther Fürst und Werner Stauffacher sind die treibenden Kräfte der Volkserhebung. Beide genießen unterm Landvolk großes Ansehen (S. 37). Ihr feierliches Versprechen zusammen mit dem jungen Melchthal, das sie sich als Vertreter der drei Waldstätte in Walther Fürsts Wohnung geben (S. 39 f.), ist nicht nur eine Vorahnung des Rütlischwurs, sondern verbindet auch drei Generationen miteinander.

Landvogt Geßler

■ Indirekt dargestellte Gewalt

Die Bedrohung durch das Terrorregiment ist zwar von der ersten Szene an präsent, die konkreten schrecklichen Begebenheiten werden hingegen nur durch eingeschaltete epische Berichte vermittelt – etwa über die versuchte Vergewaltigung von Baumgartens Frau (S. 11) oder die Blendung des alten Melchthal

(S. 33 f.). Schiller handelt ganz im Geist der Klassik, wenn er grausame Gewalt von der Bühne weitgehend verbannt – anders als Shakespeare, der seinem Publikum durchaus die visuelle Präsenz des Brutalen zumutete, wenn er in Dramen wie *Richard III.* oder *Macbeth* drastisch zeigt, wie grässlich Tyrannen sich an Wehrlosen vergreifen können.

Den Namen Geßlers führen alle im Munde, wenn von despotischer Willkür die Rede ist, seine Macht ist allgegenwärtig – er selbst ist allerdings in der ersten Hälfte des Schauspiels überhaupt nicht zu sehen und kommt im gesamten Stück in nur zwei Szenen vor. Das Böse ist der direkten Anschauung größtenteils entzogen, nur in ihren Auswirkungen werden die Mechanismen der Macht erkennbar.

■ Macht und Autorität

Geßler ist bereits negativ konturiert, als er erstmals auf der Bühne erscheint. Wie sehr seiner Furcht einflößenden Autorität die Wirkung auch in der Realität nicht versagt blieb, zeigt ein Bericht über Leopold Jessners Berliner Skandalinszenierung aus dem Jahre 1919, verfasst vom Schauspieler und Regisseur Fritz Kortner: Er raste in der Rolle des Landvogts »übererregt, von allen nur möglichen Leidenschaften erhitzt, voll bewaffnet, ordengeschmückt, peitschenknallend, das ›Treibt sie auseinander!‹ brüllend, auf die Bühne«. Angeführt wurde er von Hellebardisten, die mit Eisenspitzen in die Menge stießen, um ihm den Weg zu bahnen; außerdem wurden Verwundete und Ohnmächtige inszeniert, die des Fronvogts Grausamkeit demonstrierten. Kortner bändigte das »Entrüstungs-

■ Fritz Kortner über die Rolle des Landvogts

gebrüll aus dem Zuschauerraum über die, wie es dem Klüngel schien, übertrieben krasse Darstellung despotischer Gewalt« folgendermaßen: Er »stürmte, peitschenknallend, nun bis an die Rampe vor, übersteigerte den schon höchstgesteigerten Ton und schrie, die Gegenschreie ignorierend, so lange in die Zuschauerhölle hinein, das ›Treibt sie auseinander!‹ unzählige Male wiederholend, bis die Radaubande wie vor einem Vorgesetzten kuschte«.[7]

Geßler ist ein Gewaltmensch. Seine Sprache ist die des Imperativs – er ist es gewohnt, Fragen zu stellen und Befehle zu erteilen, nicht aber, Antworten zu geben. Unverrückbar steht sein Wort fest, den Appellen anderer verschließt er seine Ohren: Berthas Bitte (S. 89) würdigt er ebenso keiner Reaktion wie die Mahnung des Pfarrers (S. 90). Gegenüber Tell lässt er seinem sadistischen Zynismus freien Lauf, wenn er seine Unmenschlichkeit als Güte maskiert: »Und sieh, ich lege gnädig dein Geschick / In deine eigne kunstgeübte Hand« (S. 89).

»Ich begehr's und will's« (S. 88) – das muss als Rechtfertigung seines Tuns genügen, zumindest dem Landvolk gegenüber. Geßler sieht keine Notwendigkeit, öffentlich auf seine Beweggründe einzugehen. Der Apfelschuss mag zwar dazu dienen, die Massen zu disziplinieren (S. 91), doch steckt dahinter auch die Lust des Landvogts an der Demütigung Tells: »Geßlern verdrießt's dass er von Tell groß reden hört«, hat

- Geßlers Sprache

- Motive von Geßlers Handeln

7 Fritz Kortner, *Aller Tage Abend*, München 1959, S. 356.

Schiller in einem Entwurf bemerkt.[8] In der Szene in der hohlen Gasse offenbart sich der egoistische Antrieb, der hinter all der blinden Unerbittlichkeit steckt: »[I]ch bin des Kaisers Diener / Und muss drauf denken, wie ich ihm gefalle« (S. 124). Das Maß der Ergebenheit nach oben sieht Geßler in der Stärke, mit der er nach unten tritt. Hinter der Festigung von Habsburgs Macht muss das Recht des Einzelnen zurückstehen.

Geßler spielt in der Geschichte jedoch eine andere Rolle, als er sich selbst zugedacht hat. Der Schriftsteller Robert Walser hat dazu bemerkt: »[U]m einen Tell hervorzubringen, bedurfte die Geschichte eines Landvogts. Einer ist ohne den anderen undenkbar.«[9] Für Tell ist Geßler der ideale Widerpart: als bloßer Stellvertreter des habsburgischen Herrschers so klein, dass er überwunden werden kann; als Inkarnation des Unmenschlichen aber so groß, dass sich der Titelheld umso strahlender von ihm abhebt.

■ Geßler und Tell

Die Frauen

Ein Blick auf die Liste der handelnden Figuren zeigt: *Wilhelm Tell* ist ein Männerstück. Bei der politischen Kernszene, dem Rütlischwur, sind über dreißig Män-

■ Männer als Handlungsträger

8 Schiller (s. Anm. 5), S. 413 f.
9 Robert Walser, *Wilhelm Tell*, in: R. W., *Das Gesamtwerk*, hrsg. von Jochen Greven, 12 Bde., Bd. 9: *Maskerade. Prosa aus der Berner Zeit (II) 1927/28*, Genf/Hamburg 1968, S. 268–270, hier S. 270.

ner anwesend, aber keine einzige Frau. In keinem anderen Schiller-Drama spielen Frauen eine derart periphere Rolle. Selbst die Liebesgeschichte ist in einen Nebenstrang der Handlung ausgelagert.

Schillers Dichtungen haben einen wichtigen Beitrag zur Ausprägung des bürgerlichen Frauenbildes im 19. Jahrhunderts geleistet. Die Geschlechterrollendifferenz – wie beispielsweise in den Gedichten »Würde der Frauen« (1795) oder »Das Lied von der Glocke« (1799) – ist klar ausgeprägt: »Der Mann muss hinaus / Ins feindliche Leben« heißt es in Letzterem, die Frau als Hausfrau und Mutter hingegen »herrschet weise / In häuslichem Kreise«[10].

Nachwirkungen von Schillers Frauenbild

Solche Verhältnisse finden sich auch in Tells Familie. **Hedwig**, ein Angstwesen, sieht die Heldentaten ihres Mannes – etwa die Rettung Baumgartens (S. 72) – nicht gerne. Die Zwangssituation, in der Tell die Armbrust auf das eigene Kind hat richten müssen, kann sie nicht nachempfinden (S. 107). Ihre Sorge gilt ausschließlich den Ihren. Auch dass der Gatte ihre Stimme der Vorsicht ignoriert und es ihn trotz aller Warnungen nach Altdorf zieht, gehorcht der Dialektik von weiblicher Empfindung und männlicher Stärke.

Hedwig

Mehr als Hedwig schwanken die anderen Frauengestalten – Stauffachers Gattin Gertrud, Bertha und die Bäuerin Armgart – zwischen Aktivität und Passivität. Doch folgen auch sie letztlich dem weiblichen Rollentypus.

10 Friedrich Schiller, *Gedichte*, hrsg. von Norbert Oellers, Stuttgart 1996 [u. ö.], S. 258.

Gertrud übernimmt in ihrem einzigen Auftritt (I,2) die Rolle eines Handlungskatalysators, indem sie ihren Mann zum Widerstand anstachelt: »Frau, welchen Sturm gefährlicher Gedanken / Weckst du mir in der stillen Brust!« (S. 20). Allerdings wird erwartet, dass die geschlechtsspezifischen Verhaltensmuster auch im Tod eingehalten werden: »[T]apfer fechtend sterben« (S. 21) ist ausschließlich Männersache, für die Frau bleibt hingegen als letzter Ausweg nur der Selbstmord (S. 21). Ebenso wie Hedwig sind Gertrud als Revier bloß Haus, Hof und Herd bestimmt; politisiert wird bestenfalls hinterm Spinnrad (S. 18).

■ Gertrud

Auch **Bertha** kann ihren Rudenz zum Kampf gegen Habsburg begeistern. Sie weckt in dem jungen Mann fast schon biedermeierlich anmutende Sehnsüchte nach stillem Familienglück (S. 78). Der Schluss des Dramas folgt abermals der antithetisch angelegten Psychologie der Geschlechter, wenn Bertha sich als Wehrlose von ihrem Geliebten aus den Flammen retten lässt: Damit wird wiederum dem Mann die Führungsrolle zugesprochen.

■ Bertha

Die Bäuerin **Armgart**, die sich dem Landvogt in den Weg wirft und ihn am Weiterreiten hindert, zeigt zweifellos Kühnheit und Entschlossenheit, doch ist ihr selbst dies zu wenig: »O ich bin nur ein Weib! Wär ich ein Mann, / Ich wüsste wohl was besseres, als hier / Im Staub zu liegen« (S. 126). In ihrer Klage wird Armgart die Differenz zum männlichen Handeln schmerzlich bewusst: Widerstand ist für sie nur in passiver Form möglich.

■ Armgart

Die Bedeutung der Frauenrollen in *Wilhelm Tell* ist je nach Standpunkt unterschiedlich auszulegen. Zweifellos setzen die Frauen wichtige Handlungsimpulse: Der Demokratisierungsprozess soll das Anliegen aller sein, und so haben auch sie auf indirekte Weise Anteil daran – eine Situation, die aus feministischer Sicht jedoch unbefriedigend bleiben muss, denn die Frau argumentiert aus einer untergeordneten Stellung heraus. Sie ist aus der Verantwortung genommen, da die Ausführung letzten Endes den Männern überlassen bleibt.

Entschluss zum Aufstand bedeutet auch gleichzeitig Entschluss zur Gewalt – und die entsprach überhaupt nicht dem Weiblichkeitsideal Schillers, dem die häusliche Glückseligkeit auch im privaten Leben ein fundamentaler Wert war. Frauen sollten die Kräfte des Ausgleichs und der Harmonie repräsentieren, der Bescheidenheit, des Gefühls und des Sinns für das Schöne. Im Modellfall einer Revolution, wie ihn *Wilhelm Tell* vorführt, wären »Weiber«, die zu »Hyänen« werden,[11] fehl am Platze.

Konträre Deutungsmöglichkeiten

Weiblichkeitsideal: Harmonie, keine Gewalt

---

11 *Schiller* (s. Anm. 10), S. 266.

4. Form und literarische Technik

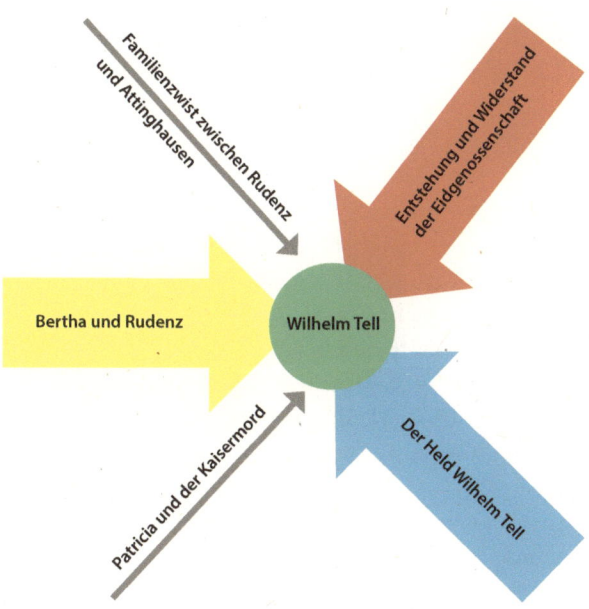

Abb. 3: Die verschiedenen Handlungsstränge im *Wilhelm Tell*

Aufbau

In *Wilhelm Tell* hat Schiller drei große Handlungs-
stränge ineinander verwoben: die Handlung um den
Titelhelden, die Geschichte von der Entstehung der
Eidgenossenschaft und der Erhebung gegen die Habs-

■ Drei
Handlungs-
stränge

burger Herrschaft, weiter die Liebesgeschichte um Bertha und Rudenz.

In diese drei Handlungsstränge spielen noch der Familienzwist zwischen Rudenz und seinem Onkel hinein sowie die Episode um Parricida und den Mord an König Albrecht. Der Dichter hat das Stück daher auch nicht aktweise verfasst, sondern den Handlungsfäden entlang gearbeitet.[12]

Wenngleich er sich nicht auf *einen* zentralen Konflikt konzentriert, den er in einer einsträngigen Handlung erzählt, unterteilt Schiller seinen *Wilhelm Tell* entsprechend dem klassischen Drama in fünf Aufzüge. Dadurch lässt sich der Aufbau des Stückes nach dem pyramidalen Modell des Schriftstellers Gustav Freytag (1816–1895) gliedern.

■ Modell des klassischen Dramas nach Freytag

Besonders auffällig ist, dass Schiller die Apfelschuss-Szene genau in die Mitte des Schauspiels gesetzt hat, also dort, wo laut klassischem Dramenmodell der Höhepunkt der Handlungskurve zu suchen ist, die Peripetie – der Ort des Handlungsumschwungs. So bedeutet auch im *Wilhelm Tell* die Apfelschuss-Szene eine Wende in der Handlung: Bislang bestehende Haltungen und Konstellationen werden aufgebro-

---

12 Siehe Schiller an Iffland (5. Dezember 1803), in: Schiller (Anm. 3), Bd. 32: *Briefwechsel. Schillers Briefe 1.1.1803–9.5.1805*, hrsg. von Axel Gellhaus, S. 88–91, hier S. 89: »Gern wollte ich Ihnen das Stück aktenweise zuschicken, aber es entsteht nicht aktenweise, sondern die Sache erfordert, dass ich gewisse Handlungen, die zusammen gehören, durch alle fünf Akte durchführe, und dann erst zu andern übergehe.«

3. Aufzug
Höhepunkt und Peripetie

- Bertha begeistert Rudenz für den Widerstand
- Apfelschuss: Öffentliche Anfeindung Tell – Geßler

3.

2. Aufzug
Erregendes Moment

- Konflikt Attinghausen – Rudenz (mit Hinweis auf Rudenz Liebe zu Bertha)
- Rütlischwur

2.

4.

4. Aufzug
Retardierendes Moment

- Tell ist gefangen, Attinghausen stirbt, Bertha wird entführt
- mit Tells Mord an Geßler wendet sich das Blatt wieder

Aufzüge

1. Aufzug
Exposition

Unterdrückung der Schweizer durch Habsburger

1.

5.

5. Aufzug
Lösung des Konflikts

Rettung Berthas, Sieg der Volkserhebung, Freude im Hause Tell, Zurückweisung Parricidas

Abb. 4: Aufbau des Dramas nach dem Modell Freytags (in: *Technik des Dramas*; 1863)

chen und neu definiert – denn indem Geßler seine Grausamkeit beweist und den zuvor unpolitischen Tell gegen sich aufbringt, werden die Bedingungen für den weiteren Verlauf des Geschehens gesetzt: Tell sieht keinen anderen Ausweg, als Geßler zum Schutz seiner Familie umzubringen, für die Eidgenossen wird der erzwungene Apfelschuss zum Auslöser ihrer Revolution.

Die Tell-Handlung

In der ahistorischen Figur Tells konzentriert Schiller sagenhafte und mythische Anteile (siehe hierzu »Geschichte und Sage« in Kap. 5): Gleich die erste Szene zeigt Tell als Erlösergestalt, als messianischen Hoffnungsträger der Schweizer, die in Rechtlosigkeit leben. Damit wird die Grunddisposition sowohl für den Tell-Handlungsstrang als auch für die Eidgenossen-Handlung entworfen. Mit Tells Weigerung in der dritten Szene des ersten Aufzugs, sich für die gemeinsame Sache zu engagieren, driften die beiden Handlungslinien vorübergehend auseinander – der Held hat sich mit seiner Entscheidung vorerst selbst aus dem Drama genommen.

■ Exposition: Tell als Erlösergestalt

Sein Entschluss, sich trotz der drohenden Konfrontation mit Geßler ins Dorf zu begeben, bringt die eigentliche Tell-Handlung in Gang (III,1). Das intime Familienidyll steht dabei in Kontrast zur opernhaften Massenszene davor, dem Rütlischwur. Geßler bringt Tell hintereinander in zwei anscheinend ausweglose Situationen – den Probeschuss und die Gefangennahme –, aus denen sich der Held aber mit Geschicklichkeit und Kühnheit herausmanövrieren kann.

■ Höhepunkt: Tell in Bedrängnis

Die letzte Szene zeigt Tell von allen bejubelt – doch er selbst spricht kein einziges Wort. Dies allein schon illustriert die Ambivalenz eines Helden, der sich von Anfang an als Einzelgänger deklariert und sich selbst von der gemeinsamen historischen Verantwortung distanziert hat: »Der Starke ist am mächtigsten allein«

■ Schluss

(S. 27). Auch sein Mord an Geßler ist nicht mit dem Handeln der anderen solidarisch verknüpft gewesen, sondern folgte privaten Motiven. Unter allen dramatischen Helden Schillers hat Wilhelm Tell eine Sonderrolle: Als Einziger kann er seine Sache erfolgreich zu Ende führen, ohne daran zugrunde zu gehen – dies ist wohl auch eine Ursache dafür, dass sich dieses Drama einer so außerordentlichen Beliebtheit erfreut.

Die »öffentliche Sache«

Während die Tell-Handlung dem Bereich der Sage zuzuordnen ist, kreist die Handlung, die das Schicksal der Eidgenossen zum Gegenstand hat, um einen konkreten historischen Kern – größtenteils zumindest, denn vielen Historikern gilt der Rütlischwur eher als legendenhafte Ausschmückung denn als geschichtliche Wahrheit (siehe Kap. 6 »Interpretationsansätze«, S. 56–59). Subjektiv vermittelt das Drama den Eindruck einer schnellen, konzentrierten Abfolge; objektiv durchmisst es einen Zeitraum von eineinhalb Jahren: vom 28. Oktober – dem Tag »Simons und Judä« (S. 13) – des Jahres 1306 bis zur Ermordung König Albrechts I. beim Überqueren der Reuß im Mai 1308. ■ Zeitstruktur

Lokalgeschichtliches hat Schiller dem Mitte des 16. Jahrhunderts entstandenen, aber erst 1734–1736 gedruckten *Chronicon Helveticum* des Glarner Gelehrten Ägidius Tschudi entnommen: Für das Jahr 1306 sind die Nötigung der Gattin Baumgartens durch den Vogt Wolfenschießen und dessen Tötung belegt, für ■ Historische Überlieferung

1307 die Blendung des alten Melchthal, das Aufstellen des Geßlerhuts sowie die Versammlung auf dem Rütli, für 1308 schließlich der Aufstand. Tells Taten – den Apfelschuss, seine Verhaftung mit anschließender Flucht sowie die Tötung Geßlers – erwähnt Tschudi ebenfalls, ohne jedoch die Person des Schützen gegenüber den anderen Eidgenossen besonders hervorzuheben.

■ Kernszenen Schiller hat die Dramenhandlung um drei Kernszenen angelegt, auf deren Gestaltung sich auch immer wieder das Interesse der Illustratoren gerichtet hat: den Rütlischwur als Mittelpunkt der politischen Handlung und damit »das intellektuelle Zentrum des Dramas«[13], das Attentat in der hohlen Gasse, das eindeutig der Tell-Handlung zuzuordnen ist, und den Apfelschuss, in dem die beiden Handlungsstränge kurzfristig zu einem gemeinsamen Wendepunkt zusammengeführt werden. Die Apfelschussszene (III,3) bringt eine doppelte dramatische Umkehrung. Einerseits wird Tells bisherige Lebensmaxime erschüttert, der naive Glaube, abseits der Geschichte ein beschauliches Leben führen zu können: Es wird ihm klar, dass die Tyrannei auch vor seiner Familie nicht Halt macht. Andererseits bereuen auch die Eidgenossen den Aufschub des Aufstandes; der Gedanke, die Empörung zu riskieren, nimmt deutlichere Formen an.

Am Ende ist das Paradies, das zu Beginn des Stückes verloren gegangen ist, wiederhergestellt. Aber ist es auch dasselbe? Der Literaturwissenschaftler Hans-

13 Peter-André Alt, *Schiller. Leben – Werk – Zeit. Eine Biographie*, 2 Bde., München 2000, Bd. 2, S. 574.

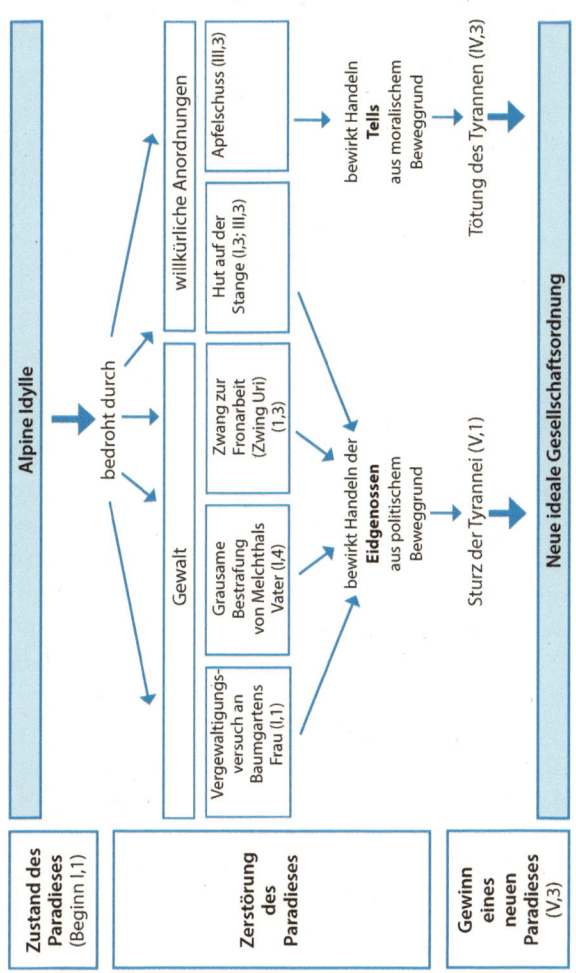

Abb. 5: Motive und Konsequenzen des Handelns in *Wilhelm Tell*: Kampf um die Alpine Idylle

■ Problematik der Schluss-idylle

Jörg Knobloch hat diese Frage verneint: »Sieht man im Schluß nur eine Wiederherstellung des idyllischen Anfangszustandes, wenn auch vielleicht geringfügig modifiziert, übersieht man, daß sich im Verlauf des Stücks eine ganz entscheidende Wendung vollzieht: die Ausbildung des demokratischen Gedankens.«[14]

Die Bertha-Rudenz-Handlung

■ Haupt- und Neben-handlung

Schiller sah in der Tell-Handlung und in der Entstehung der Eidgenossenschaft die beiden Hauptstränge der Handlung und in deren Vereinigung das grundlegende Kompositionsprinzip des Stücks: Tells Sache sei »eine Privatsache, und bleibt es, bis sie am Schluss mit der öffentlichen Sache zusammengreift«.[15] Der Liebesgeschichte zwischen Bertha und Rudenz kommt vergleichsweise keine so prominente Bedeutung zu; deswegen fällt sie bei Inszenierungen – so wie die Parricida-Szene im 5. Akt – zuweilen Streichungen zum Opfer.

■ Zuordnung zu gesell-schaftlichen Gruppen

Die soziale Selbstdefinition beider wird bereits jeweils bei ihrem ersten Auftreten unabhängig voneinander problematisiert: Bertha, das adelige Fräulein, zeigt tätige Anteilnahme fürs Volk; die Schweizer

14 Hans-Jörg Knobloch, »*Wilhelm Tell*«, in: *Schiller-Handbuch*, hrsg. von Helmut Koopmann in Zusammenarb. mit der Deutschen Schillergesellschaft Marbach, Stuttgart 1998, S. 486–512.

15 Schiller an Iffland (5. Dezember 1803), in: Schiller (Anm. 12), S. 88–91, hier S. 89.

weisen sie jedoch zurück, weil sie in deren Augen zum Kreis der Unterdrücker zählt (I,3). Ulrich von Rudenz sieht seine Zukunft nicht unter seinesgleichen, unter den Landsleuten in der provinziellen Enge, sondern will sich aus Ehrgeiz und Ruhmsucht für Habsburg stark machen. Sein Onkel klagt: »Leider ist die Heimat / Zur Fremde dir geworden!« (S. 42).

In der Waldeseinsamkeit begegnen sich die beiden schließlich (III,2): die Fremde, die Sympathien für die Schweizer zeigt, und der Schweizer, der auf der Seite der Fremden steht. Bertha kann den Abtrünnigen dafür gewinnen, zukünftig für sein Vaterland zu streiten.

Beim Apfelschuss (III,3) nehmen Bertha und Rudenz für Tell Partei, den typisierten Geschlechterrollen entsprechend: Sie verlegt sich aufs Bitten (S. 89), er vertraut der männlichen Imponiergebärde (S. 92 f.). Bis zum Schlussbild bleibt das Pärchen dann getrennt. Dass Rudenz von der Entführung der Geliebten einen Bericht gibt (S. 115 f.), ist für die Anlage des Schauspiels typisch, denn die Handlung ist so weitläufig, dass nicht alles auf der Bühne gezeigt werden kann. So wird auch die Befreiung Berthas durch Rudenz und die Eidgenossen nicht szenisch dargestellt, sondern in Form einer Erzählung dargeboten (S. 133 f.). Am Ende haben beide das letzte Wort: Bertha nimmt das Werben von Rudenz an, und Rudenz setzt die Ideale, für die er gekämpft hat, in die Praxis um: »Und frei erklär ich alle meine Knechte« (S. 151).

■ Erfolgreiches Werben

Vordergründig betrachtet, zeigt dieser Handlungsstrang, wie Patriotismus durch Liebe zum Leben er-

41

weckt werden kann und ein verlorener Sohn zu den Seinen zurückfindet. Allerdings bleibt auch die Möglichkeit einer alternativen Lesart offen: dass die Betroffenen nämlich aus egoistischem Antrieb und berechnendem Kalkül heraus handeln. Bertha und die Schweizer teilen ein ähnliches Schicksal: Der Besitz beider ist durch Habsburgs Interessen gefährdet (S. 78), die es abzuwehren gilt. Rhetorisch geschickt weist die Edeldame ihren Verehrer darauf hin, dass er sie durch eine vom Kaiserhof gelenkte Vernunftehe verlieren könnte. Will Rudenz das edle Fräulein für sich gewinnen, so muss er sich daher zwangsläufig auf die antihabsburgische Seite schlagen. »Gebunden [...] durch der Liebe Seile« (S. 48), ist er praktisch gezwungen, vor Geßler – und damit auch vor Berthas Augen – in der Apfelschuss-Szene resolut und imponierend aufzutreten: ein Umstand, auf den 1921 der österreichische Schriftsteller Alfred Polgar nicht ohne Ironie hingewiesen hat: »Ulrich von Rudenz wird allerdings erst Anwalt der Unterdrückten, als ihm Berta von Bruneck – schon im Personenverzeichnis heißt sie ›eine reiche Erbin‹ – den Schlager hinwirft: ›In den Waldstätten liegen meine Güter ...‹ Rudenz: ›Berta, welch einen Blick tut Ihr mir auf!‹«[16]

Bertha und Rudenz: die Geschichte einer Beziehung, die zweifellos mehr Pragmatik als Erotik liefert.

> **Motive des Handelns**

---

16 Alfred Polgar, *Friedrich Schiller*, »*Wilhelm Tell*«, in: A. P., *Kleine Schriften*, hrsg. von Marcel Reich-Ranicki in Zusammenarb. mit Ulrich Weinzierl, 6 Bde., Bd. 5: *Theater I*, Reinbek bei Hamburg 1985, S. 121–213, hier S. 213.

5. Quellen und Kontexte

	Geschichte der Schweiz von den Anfängen bis zu Schillers Gegenwart*
1032	Die Landschaften der späteren Kantone Uri, Schwyz und Unterwalden gehörten zum Königreich Burgund. Dieses wird an das Heilige Römische Reich Deutscher Nation angegliedert.
1231/40	Uri und später Schwyz wird die Reichsunmittelbarkeit verliehen. Sie sind damit direkt dem Kaiser untergeben.
13. Jh.	Eine Reihe von Auseinandersetzungen finden im Gebiet der Innerschweiz statt, sowohl unter den Schweizer Landschaften als auch aufgrund europäischer Konflikte.
1273	Graf Rudolf von Habsburg wird römisch-deutscher König. Er stellt die schweizerische Selbstverwaltung auf ein Regiment von Reichsvögten um.
1291	Uri, Schwyz und Unterwalden schließen einen Landfriedensbund, eine Art Kooperationsvertrag, der nicht als Widerstand gegen die Habsburger zu verstehen ist. Er gilt als Gründungsurkunde der Schweiz.
1292–1298	Adolf von Nassau ist König. Er bestätigt, dass Uri und Schwyz reichsunmittelbar sind.
1298	Albrecht I. von Habsburg wird König. Er erkennt die alten Rechte von Uri und Schwyz nicht an.
1308	Albrecht I. wird von seinem Neffen Johannes Parricida von Schwaben ermordet.
1312	Der neue König Heinrich VII. richtet eine Reichsvogtei über Uri, Schwyz und Unterwalden ein.

1386	Uri, Schwyz, Unterwalden und Luzern siegen über Herzog Leopold III. von Habsburg, der in der Schlacht stirbt. Die Machtverhältnisse im schweizerischen Mittelland werden neu geordnet.
1648	Nach dem Dreißigjährigen Krieg tritt die Eidgenossenschaft aus dem Deutschen Reich aus. Sie wird als eigener Staat anerkannt.
1798	Unter dem Einfluss des revolutionären Frankreichs wird die Schweiz als »Helvetische Republik« in die französische Territorialpolitik integriert.
1803	Durch Napoleons neue Verfassung wird nun eine föderalistisch organisierte »Schweizer Eidgenossenschaft« geschaffen.
1814/15	Mit der Niederlage Napoleons und dem damit verbundenen Ende des französischen Hegemonialsystems findet eine Neuordnung Europas auf dem Wiener Kongress statt (die Schiller nicht mehr erlebt): Der Schweiz wird die immerwährende Neutralität garantiert.

* Zusammengestellt nach: Frank Suppanz, *Erläuterungen und Dokumente: Friedrich Schiller, »Wilhelm Tell«*, Stuttgart 2005, S. 61–63.

Historischer Abriss

■ Reichs-
freiheit

1231 erhielt Uri vom deutschen König Heinrich die Reichsfreiheit; dadurch war das Land nicht mehr den Habsburgern, sondern dem Kaiser unterstellt. Neun Jahre später waren es die Schwyzer, denen Friedrich II. einen Freiheitsbrief gewährte. Durch die Erteilung solcher Privilegien wollte der Kaiser die Handelsroute nach Italien über den St. Gotthard für sich unter Kontrolle bringen.

Die Lage der drei Waldstätte Uri, Schwyz und Unterwalden veränderte sich mit der Königswahl Rudolfs von Habsburg (1273). Es war klar, dass die neue Herrscherdynastie nach Vergrößerung und Abrundung ihrer ursprünglichen Familienbesitzungen zwischen Alpen, Schwarzwald und Vogesen strebte (S. 46). Beamte, die vom König als Reichsverwalter ernannt worden waren, machten auf die geopolitisch bedeutsamen Gebiete der Zentralschweiz Druck, um sie der habsburgischen Hausmacht anzugliedern. Entsprechendes fürchtet in *Wilhelm Tell* Pfeiffer von Luzern und mahnt Stauffacher (S. 16): »Schwört nicht zu Östreich, wenn Ihr's könnt vermeiden. / Haltet fest am Reich und wacker wie bisher« – unmittelbar unter königlicher bzw. kaiserlicher Verwaltung zu stehen, bedeutete ein Vorrecht, das die Schweizer aufgegeben hätten, wären sie zu Vasallen Habsburgs geworden: »[D]en K a i s e r / Will man zum Herrn, um k e i n e n Herrn zu haben« (S. 43).

■ Habsburgische Vögte

Mit dem Tod Rudolfs am 15. Juli 1291 stieg die Ungewissheit hinsichtlich der Zukunft der drei Waldstätte. Uri, Schwyz und Unterwalden versicherten sich gegenseitiger Hilfe, indem sie sich kurz darauf zum »Ewigen Bund« zusammenschlossen.[17]

■ Ewiger Bund der drei Waldstätte

In den folgenden Jahrzehnten vertiefte sich der Ge-

17 Siehe hierzu etwa www.verfassungen.ch/ruetli91.htm (Stand: 15. 11. 2019).

gensatz der Schweizer Landschaften zu den Habsburgern in dem Maße, in dem die Eidgenossen von der
Rivalität anderer Dynastien zu Habsburg profitierten.
So bestätigte Rudolfs Nachfolger Adolf von Nassau
(1250–1298) die Freiheitsbriefe für Uri und Schwyz,
während Albrecht I., der Sohn Rudolfs, danach wieder einen Konfrontationskurs einschlug. Die Gefahr
schien vorerst gebannt, als Albrecht 1308 einem
Mordkomplott unter Führung seines Neffen zum
Opfer fiel (S. 136) und die Eidgenossen sich auf die
Seite der Gegner Habsburgs schlugen: der Dynastien
der Luxemburger (S. 139) und der Wittelsbacher. Im
Laufe des 14. Jahrhunderts konnten die Schweizer in
einer Reihe von Freiheitskriegen ihre Position gegenüber den habsburgischen Ansprüchen erfolgreich
verteidigen (siehe hierzu Attinghausens Vision auf
S. 111 f.).

■ Freiheits-
kämpfe der
Schweiz

Geschichte und Sage

Wilhelm Tell ist eine Figur der Sage, allerdings nicht
einer Sage aus der Schweiz. Geschichten von einem
Schützen, der den Apfel auf dem Haupt seines Kindes
treffen muss, finden sich in der englischen und in der
nordeuropäischen Überlieferung. So berichtet der dänische Geschichtsschreiber Saxo Grammaticus im
12. Jahrhundert vom Meisterschützen Toko, den der
König Harald Blauzahn zum Apfelschuss nötigt. Wie
bei Schiller nimmt auch Toko einen Pfeil beiseite, um
den König zu töten, hätte das Kind Schaden genom-

■ Nordische
Überliefe-
rung

men; und wie bei Schiller bringt der Held den Tyrannen später im Wald um. Auf welchen Wegen die nordische Geschichte in die Alpen gekommen ist, ist unklar – vielleicht durch Kaufleute. Möglicherweise ist die Gestalt des nordischen Helden mit einer lokalen, bislang unbekannt gebliebenen Schweizer Heldengestalt verschmolzen.

Bereits 1760 hatte der Schweizer Pfarrer Uriel Freudenberger eine Schrift publiziert, in der er die Geschichte vom Tell als ein »dänisches Mährgen«[18] bezeichnete – ein mutiges Unterfangen, kratzte er damit doch gewaltig am Sockel des Schweizer Selbstverständnisses. Allerdings brachte der Autor, vorsichtig genug, sein Werk anonym unter die Leute. Tatsächlich war die patriotische Entrüstung groß, und in einigen Kantonen wurde die Schrift sogar verboten.

■ Freudenbergers Tell-Schrift

Ein Blick in die weitere Stoffgeschichte mag das Verständnis für die dramatische Struktur des Schiller-Dramas vertiefen. So stehen am Beginn der Überlieferung zwei Texte, die das Verhältnis Tells zu den Eidgenossen unterschiedlich präsentieren: das *Weisse Buch von Sarnen* (1470–72), eine Chronik, die die Figur Tells vom politischen Geschehen ablöst, und das neunstrophige »Bundes«- oder »Tellenlied« von 1477, eine Volksballade, die in Tell – anders als Schiller – einen der Rädelsführer beim Sturz der Habsburgerherrschaft sieht.

■ Tell-Überlieferung im 15. Jahrhundert

18 Uriel Freudenberger, *Der Wilhelm Tell. Ein dänisches Mährgen*, [Bern] 1760.

Hauptquellen waren diese beiden frühen Zeugnisse für Schiller aber ebenso wenig wie das nach 1511 datierte Urner Tell-Spiel, das am Beginn der deutschsprachigen politischen Dramatik steht. Maßgeblicher war Ägidius Tschudis *Chronicon Helveticum* (1734–1736), ein patriotisches Geschichtswerk, in dem Schiller eine poetische Kraft wie in der Dichtung der alten Griechen, »einen so treuherzigen, herodotischen ja fast homerischen Geist«[19] walten sah. Ebenfalls zu Schillers Hauptquellen zählten die *Geschichten Schweizerischer Eidgenossenschaft* (1786) von Johannes von Müller, dem der Dichter mit einer kurzen Erwähnung (S. 136) im *Wilhelm Tell* ein Denkmal setzte.

■ Tschudis
*Chronikum
Helveticum*

Schillers Verdienst ist es, das Historische und das Sagenhafte, das er in den Quellen weitgehend voneinander getrennt vorfand, so miteinander zu verschmelzen, dass beide Stoffkreise später als zusammengehörig empfunden wurden. Das in sich stimmige Resultat täuscht über die großen Schwierigkeiten hinweg, die der Dichter bei der Umsetzung des Quellenmaterials in die Komposition des Dramas hatte: »Der verruchte Stoff bringt mich [...] beinahe zur Verzweiflung«[20], schreibt er Anfang August 1803 an Iffland, wenige Tage später klagt er Wilhelm von Humboldt, dass die Materie »sehr widerstre-

■ Schillers
Organisa-
tion des
Stoffs

---

19 Schiller an Christian Gottfried Körner (9. September 1802), in: Schiller (s. Anm. 3), S. 159–161, hier S. 160.
20 Schiller an Iffland (5. August 1803), in: Schiller (s. Anm. 12), S. 57–59, hier S. 57.

bend« sei und ihm »große Mühe« bereite,[21] und auch seinem Freund Christian Gottfried Körner berichtet er, dass er »leider mit einem verwünschten Stoff zu kämpfen habe«.[22]

---

21 Schiller an Wilhelm von Humboldt (18. August 1803), in: Schiller (s. Anm. 12), S. 61–63, hier S. 62.
22 Schiller an Körner (12. September 1803), in: Schiller (s. Anm. 12), S. 68 f., hier S. 68.

6. Interpretationsansätze

Schauplatz Schweiz

Mit einem Drama, das die Schweiz zum Schauplatz hatte, traf Schiller auf mehrfache Weise den Nerv der Zeit. Der Autor war in einem Jahrhundert aufgewachsen, in dem sich das europäische Publikum immer mehr für die unverfälschte, wilde Natur begeisterte – angeregt durch die gebürtigen Schweizer Jean-Jacques Rousseau (1712–1778) und Albrecht von Haller (1708–1777). Letzterer hatte 1729 ein umfangreiches philosophisches Lehrgedicht mit dem Titel »Die Alpen« veröffentlicht, in dem er die Ursprünglichkeit und Tugendhaftigkeit der Bergbewohner dem sittenlosen Treiben in den Städten und bei Hofe gegenüberstellte und den Blick seiner Leser auf die Schönheiten der bisher als lebensfeindlich und bedrohlich eingeschätzten Gebirgslandschaft lenkte.

Reisen in die Schweiz wurden zur Mode. Und in ähnlicher Weise wie ihre Natur das – in bestem Sinne – Unzivilisierte und Ursprüngliche repräsentierte, wurde auch ihr politisches System zum Maßstab für die fortschrittlichen Aufklärer des späten 18. Jahrhunderts. Demokratische Kreise vermochten sich für die Schweiz ebenso zu begeistern wie für die römische Republik oder die neu entstandenen USA, weil diese Beispiele zeigten, dass eine Ordnung im Staate allein auf Grundlage der Gleichheit auch ohne Fürsten möglich war. So galt die Eidgenossenschaft lange Zeit als

Alpen-Begeisterung

Demokratische Ordnung

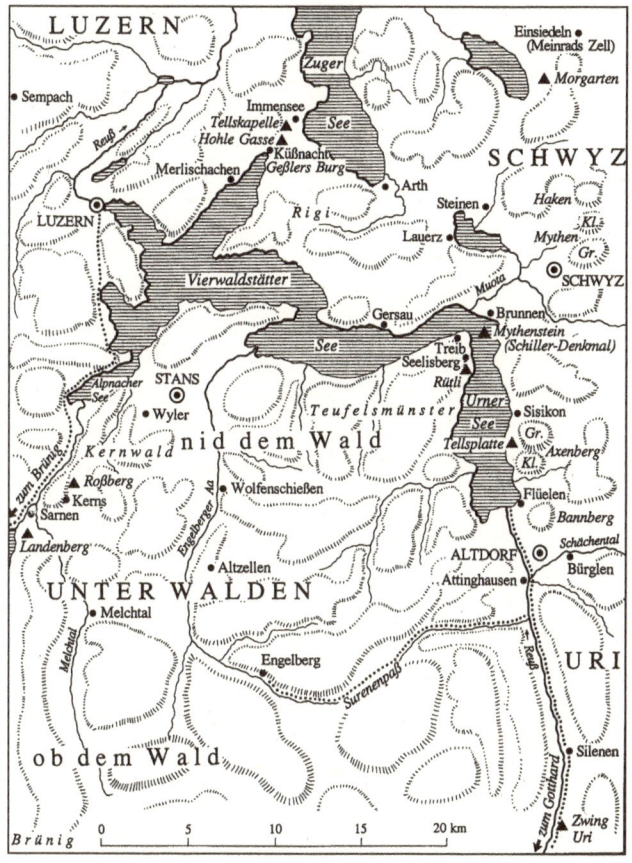

Abb. 6: Karte zum Schauplatz

⊙ Hauptorte ● sonstige Orte ▲ historische Stätten

real gewordene Utopie des Friedens und der Freiheit – bis zum Einmarsch des französischen Revolutionsheeres 1798.

Vordergründig ging es den Franzosen dabei um die Ausbreitung revolutionärer Ideen in Europa. In Wahrheit war die Schweiz im Krieg gegen Österreich von höchster strategischer Wichtigkeit, und mit den finanziellen Mitteln, über die das Land verfügte, ließ sich die eigene leere Staatskasse nur allzu gut wieder auffüllen. Die Invasoren zwangen den Schweizern die Verfassung einer zentralistischen Republik auf, die am 12. April 1798 ausgerufen wurde und damit die alte Eidgenossenschaft ablöste.

■ Helvetische Republik

Die Gestalt des Wilhelm Tell spielte bei all diesen Vorgängen eine wichtige symbolische Rolle. Anfang 1798 wurde er in einem patriotischen Vaterunser angebetet, das Anhänger der Revolution in der deutschsprachigen Schweiz verbreiteten. Mit der Parole »Vive Guillaume Tell! Vive les descendants de Guillaume Tell!« stürmten im Frühling des gleichen Jahres die Truppen Frankreichs über die Grenze. Auf Beschluss der neuen Regierung galt Tell künftig als Symbolfigur des Sieges: Tell-Embleme zierten nicht nur Dokumente der Helvetischen Republik, sondern auch Briefbögen, Siegel und Gedenkmünzen.

■ Ideologisierung Wilhelm Tells

Bereits im Laufe der Französischen Revolution hatte der Tell-Mythos eine Blüte erlebt. Für die Jakobiner, die bedeutendste und radikalste politische Vereinigung, entwarf Jacques-Louis David, der Paradekünstler der Revolutionäre, eine Büste des Schweizer

■ Tell und die Französische Revolution

Freiheitshelden. Am 29. September feierte das revolutionäre Frankreich nicht mehr das Fest des Erzengels Michael, sondern das Wilhelm Tells. 1792 organisierte der Jakobinerklub einen Festzug durch Paris mit Wilhelm Tell auf einem Triumphwagen. Im Jahr darauf verfügte der Nationalkonvent die Aufführung von Revolutions- und Freiheitsstücken, darunter auch über Wilhelm Tell. Straßen, Plätze, selbst Kinder wurden nach ihm benannt.

Als Schiller am *Wilhelm Tell* zu arbeiten begann, entschied er sich also für einen politisch höchst aktuellen Stoff, zumal es wieder – wie 500 Jahre zuvor – die Innerschweizer Kantone rund um den Vierwaldstättersee waren, die auf ihrer Autonomie beharrten und sich 1798 gegen die neuen Herren erhoben. Der Widerstand wurde von den Franzosen blutig niedergeschlagen. Schiller schrieb 1803 an seinen Schwager Wilhelm von Wolzogen, es sei »jetzt besonders […] von der schweizerischen Freiheit desto mehr die Rede, weil sie aus der Welt verschwunden ist«.[23] Inwieweit mit den österreichischen Unterdrückern in Schillers Schauspiel die französischen gemeint sind, ist unklar; jedoch wurde nach dem Tod des Dichters in den *Tell* vielfach eine antinapoleonische Tendenz hineingelesen.

■ Revolte der Schweizer

---

23 Schiller an Wilhelm von Wolzogen (27. Oktober 1803), in: Schiller (s. Anm. 12), S. 80–81, hier S. 81.

Gesellschaftsvertrag und Naturrecht

Es scheint, als ob der Widerstand, den die raue Bergwelt ihren Bewohnern in Schillers Drama abfordert, auf den Widerstandswillen gegen die Unterdrücker übergesprungen ist, als ob die Bereitschaft zu einem Aufstand, dessen Linie klar umrissen bleibt und der nicht ins Chaos ausartet, nur in einer ländlichen, unverdorbenen, eben ›natürlichen‹ Szenerie gedeihen könne – ganz im Gegensatz zu der Revolution in Frankreich, die ein Kind der Stadt war, wo die gesellschaftlichen Kräfte ungezügelter und unkontrollierbarer walten konnten. In *Wilhelm Tell* triumphiert hingegen die Ordnung, weil sie vernunftgemäß ist – und Ordnung bedeutet in diesem Sinn auch Unterordnung, allerdings auf freiwilliger Basis: »Denn herrenlos ist auch der Freiste nicht« (S. 60).

Modellfall einer Revolution

Bereits vor der Französischen Revolution hatte sich die Idee entwickelt, dass hinter der Idee des Staates ein wechselseitiges Abkommen zwischen Volk und Herrscher stehe, das beiden Parteien Vorteile bringe: Das Volk verzichtet auf seine natürliche Unabhängigkeit und überträgt einem Regierenden die Macht, der als eine Art Treuhänder die Amtsgeschäfte führt. Diese Unterwerfung garantiert den Untertanen Schutz und Frieden. Wenn die Macht missbraucht wird, so hat das Volk das Recht zum Widerstand, um dem Herrscher das Mandat zu entziehen.

Recht zum Widerstand

Dieses Modell vom Zusammenleben im Staat wurde als »Gesellschaftsvertrag« bezeichnet. Der Genfer

Jean-Jacques Rousseau wies sich mit seinem Werk *Du contrat social* (1762) als einer der führenden Theoretiker dazu aus. Schiller schloss mit Rousseaus Gedanken Mitte der 80er Jahre Bekanntschaft, als der Dichter am *Don Karlos* arbeitete. In der Rütli-Szene seines *Tell* greift er auf den Genfer Gesellschaftstheoretiker zurück, wenn er die Eidgenossen – wie die Revolutionäre in Frankreich – im Sinne des Naturrechts argumentieren lässt (S. 62). Das bedeutet, dass das Recht, auf das sich die Verschworenen berufen, auf einem allgemein akzeptierten Konsens beruht, wie die Grundregeln des Zusammenlebens zu gestalten seien. Naturrecht versteht sich als überzeitlich und unabhängig von individuellen staatlichen Rechtssatzungen, weil es den Prinzipien der Vernunft gehorcht.

■ Gesellschaftsvertrag und Naturrecht

Die Position Schillers, dass die Eidgenossen auf dem Rütli mit dem Entschluss zum Widerstand gegen die Herrschenden im Recht seien (S. 62), widersprach den Ansichten Immanuel Kants (1724–1804), mit dessen Werken er sich ab 1791 intensiv auseinandergesetzt hatte. Kant sah in jedem, der gegen die Obrigkeit revoltierte, unterschiedslos einen Staatsverbrecher. Mit dieser Haltung stieß er bei vielen seiner Zeitgenossen auf Kritik – so etwa bei seinem Schüler Friedrich Gentz, mit dem Schiller in Weimar wiederholt zusammentraf und dessen staatstheoretische Überlegungen mit einiger Sicherheit Gegenstand der gemeinsamen Konversation gewesen sein dürften.

■ Position Kants

■ Diskussion um die Volkssouveränität

So zeigt sich die zentrale politische Szene des *Wilhelm Tell* als Produkt einer kontrovers geführten Diskussion um Fragen der Volkssouveränität, die zu Schillers Zeit brisante Aktualität besaßen.

Umsturz ohne Adel: Bastillesturm und Freiheitsbaum

»Politisch stark, poetisch sehr veraltet«, notierte Thomas Mann 1942 im kalifornischen Exil über Schillers Drama in sein Tagebuch.[24] Mag Schillers sprachliches Pathos heutzutage vielen befremdlich vorkommen, so reflektiert sein *Wilhelm Tell* eine verfassungs- und gesellschaftspolitische Umbruchszeit, ohne die unsere modernen Demokratien nicht zu denken wären.

■ Französische Nationalversammlung

Am 17. Juni 1789 hatte sich der Dritte Stand – bestehend aus Bauern und Bürgern – in Versailles zur Nationalversammlung erklärt, d. h. zu einer parlamentarischen Versammlung, die über die Verfassung beschließt. Anspruch war, das ganze Volk zu vertreten. Der Adel hatte an diesem politischen Umgestaltungsprozess allerdings keinen Anteil – so wie im *Wilhelm Tell*. Aus diesem Geist heraus sind Melchthals Worte zu verstehen: »Was braucht's / Des Edelmanns? Lasst's uns allein vollenden« (S. 38). Der Adel ist von der Tyrannei Habsburgs nicht betroffen, zeigt daher kein Interesse an einer Empörung und wird

24 Tagebucheintragung Thomas Manns vom 11. Juni 1942, in: Th. M., *Tagebücher 1940–1943*, hrsg. von Peter de Mendelssohn, Frankfurt a. M. 1982, S. 439 f.

konsequenterweise beim Schwur auf dem Rütli auch nicht eingebunden.

Wie andere Dramen Schillers spielt auch *Wilhelm Tell* zu einer historischen Zeitenwende. Das neue Selbstbewusstsein des Volkes ist ein Symptom dafür. Der sterbende Attinghausen erkennt dies sehr wohl, als er einen visionären Blick in die Zukunft wirft: »Das Alte stürzt, es ändert sich die Zeit, / Und neues Leben blüht aus den Ruinen« (S. 111). Die Weltgeschichte versah diese Prophezeiung über das Ende der habsburgischen Macht mit einer kuriosen Pointe: Schon zwei Jahre nach der Uraufführung des *Wilhelm Tell*, am 6. August 1806, mussten die Habsburger auf Druck Napoleons die Krone des Heiligen Römischen Reiches niederlegen, das damit zu existieren aufhörte.

■ Zeiten-
wende

Mit dem Triumph des Gleichheitsgedankens sind in Schillers *Tell* nun andere geschichtsbildende Kräfte als bisher am Werk: Der Adel ist entbehrlich geworden, die alte Ordnung löst sich auf. Erschöpft sich der Widerstand zunächst in Worten, Vorsätzen und Plänen, so lassen der Apfelschuss und das Attentat auf Geßler die notwendigen Taten folgen. Im 5. Akt wird gezeigt, wie die Eidgenossen die Zwingburg niederreißen. Für Schillers Zeitgenossen musste der Gedanke an den Bastillesturm vom 14. Juli 1789 eine spontane Assoziation dazu sein. Dieses historische Ereignis aus der Frühphase der Revolution wurde später zu einem nationalen Mythos.

■ Zwing Uri
und Bas-
tillesturm

Schiller war bis zum Sturm auf die Bastille als Dichter hervorgetreten, der über fürstlichen Gewaltmissbrauch, über Standesschranken und über die Freiheit im Staat geschrieben hatte. Dennoch begrüßte er den Ausbruch der Französischen Revolution nicht, sondern bewahrte als Privatmann – in eigentümlichem Kontrast zu seinen fiktionalen und historischen Werken – eine distanzierte Haltung zu ihr. Schiller enthielt sich jeglichen tagespolitischen Kommentars, im Gegenteil: Mit der Radikalisierung der Revolution wuchsen seine Skepsis und seine Desillusion. Für die Franzosen blieb er allerdings der Freiheitsdichter, der mit ihren Ideen konform ging: Kurz nach dem Sturm auf die Tuilerien (1792) erhielt er von der Nationalversammlung das französische Bürgerrecht verliehen – als »le sieur Giller, publiciste allemand«[25].

Dieses Abrücken von der Revolution hinderte Schiller jedoch nicht, eines ihrer konkreten Symbole auf die Bühne zu bringen: den Hut auf der Stange – die phrygische Mütze, eine rote Wollhaube mit überhängendem Zipfel, die schon in der Antike als Sinnbild der Freiheit galt, auch von den Jakobinern als solches genutzt wurde und in der Helvetischen Republik aufgepflanzt worden war. Im revolutionsgeschichtlichen Kontext begegnet man der phrygischen Mütze bei Schiller schon 1788: als Kupferstich, den er seiner historischen Schrift über die *Geschichte des Abfalls der vereinigten Niederlande von der spanischen Regierung* vorangestellt hatte. In *Wilhelm Tell* macht dieses

■ Schillers Einstellung zur Revolution

■ Freiheitsbaum

---

25 Der Erlass zur Nationalversammlung am 26. August 1792 ist online einsehbar unter: https://fr.wikisource.org/wiki/D%C3%A9cret_du_26_ao%C3%BBt_1792 (Stand: 18. 11. 2019).

Abb. 7: »Sturm auf die Bastille am 14. Juli 1789«, Ölgemälde aus dem 18. Jahrhundert von einem unbekannten französischen Maler. – © akg-images

Symbol einen interessanten Wandel durch, gilt es zunächst doch als Zeichen despotischer Willkür. So fordert das Volk auch nach dem geglückten Aufstand, das »Denkmal der Tyrannenmacht« (S. 135) zu vernichten. Walther Fürst erklärt es daraufhin zu »der Freiheit ewig Zeichen« (S. 135) und versieht das Symbol dadurch mit einer völlig neuen, dem ursprünglichen Sinn entgegengesetzten Bedeutung.

Positive Utopie

Mit Anspielungen auf die Französische Revolution hat Schiller im *Wilhelm Tell* ein positives Gegenmodell zu der gewaltsamen, nach Reformen strebenden Volkserhebung entworfen: einen »ästhetischen Staat«. Die Einbettung der Handlung in eine Naturszenerie ruft in Erinnerung, dass Schiller die Helden seines Dramas als schlicht, heimatverbunden und friedfertig zeichnen wollte, als unverfälschten Menschenschlag voller Redlichkeit und Geradlinigkeit – »[e]in harmlos Volk von Hirten« (S. 112).

Natur lässt aber auch an Naturrecht denken, und darüber hinaus noch an etwas anderes: dass die konservative Revolution die Schweizer wieder in einen gesellschaftlichen Urzustand zurückführen soll – ein »Zurück zur Natur« ganz im Sinne der Anhänger Rousseaus, die die Zivilisation zu etwas Schädlichem erklärten, das den Menschen von seinen natürlichen Instinkten und Empfindungen entfremde und ihn dadurch moralisch verderbe.

■ »Zurück zur Natur«

Der Aufstand der Schweizer ist weniger Revolution als Restauration in positivem Sinne: kein Schritt nach vorn in die Geschichte, sondern rückwärtsgewandt, mit dem Ziel, alte Freiheitsrechte wiederherzustellen, was Walther Fürst auch explizit darlegt: »Die alten Rechte, wie wir sie ererbt / Von unsern Vätern, wollen wir bewahren, / Nicht ungezügelt nach dem Neuen greifen« (S. 65). Die Erhebung der Eidgenossen bleibt sich selbst treu. Die beschworene Ein-

■ Konservative Revolution

heit geht nicht in die Brüche, trotz aller Differenzen zersplittert die Bewegung nicht in Radikale und Gemäßigte. Und vor allem: Die Schweizer Revolution frisst nicht ihre Kinder, entartet in keinen blutigen Terror (S. 65 f.) wie die Französische. Adelige und Bürger leben am Schluss in friedlicher Eintracht.

Schillers Aufstand der Eidgenossen ist das realitätsferne Idealbild einer Volkserhebung. Dies zu kritisieren hieße, die Aufgabe von Literatur als Ganzes in Frage zu stellen, denn die Kunst ist jenes Revier, in dem allein sich solche utopischen, modellhaften Geschichtsverläufe abspielen können.

■ Idealbild einer Volkserhebung

Tyrannenmord und sittliches Handeln

Inwieweit verträgt es sich, dass Tell einen Mord aus dem Hinterhalt begeht und gleichzeitig Sympathieträger und Identifikationsfigur ist? Dies ist das grundlegende ethische Problem des Stückes. Dass er die Tat in erster Linie auf private Rechnung begeht und nicht aus patriotischen Motiven, als Vollstrecker der eidgenössischen Interessen, macht die Sache nicht einfacher. Tell ist ein problematischer, in sich brüchiger Held, der sich mit der Unterdrückung abfindet, solange sie ihn nicht selbst betrifft, und der erst dann für die Allgemeinheit tätig wird, als er und seine eigene Familie bedroht werden.

■ Held als Meuchelmörder

Der spanische Maler Salvador Dalí hat 1933 ein Gemälde geschaffen, auf dem Wilhelm Tell mit den Gesichtszügen Lenins versehen ist. Eine solche Auffassung ist dem Konzept des Schauspiels diametral entgegengesetzt, denn Schillers Tell ist von einem Revolutionär weit entfernt.

So hat sich der Nationalheld der Schweizer, wie ihn Schiller sah, im Laufe der Wirkungsgeschichte auch Kritik gefallen lassen müssen – Kritik, die aus unterschiedlichen ideologischen Lagern kam, aus dem fortschrittlich-revolutionären ebenso wie aus dem konservativen. Für Ersteres steht Ludwig Börne (1786–1837), ein Dichter des Vormärz, der sich für die politische Veränderung Deutschlands engagierte und 1830 ins Pariser Exil ging. Börne beanstandete die Kleinbürgermentalität Tells. Sein Abseitsstehen bei der Bildung der Eidgenossenschaft deutete er als Feigheit von jemandem, der glaube, sich mit den Herrschenden arrangieren zu können.[26] Anders gelagert waren die Argumente des deutschen Reichskanzlers Otto von Bismarck, der aus einer adligen Junkerfamilie stammte und sich *Wilhelm Tell* daher aus einer Position ›von oben‹ annäherte. Als Leser konnte er dem Titelhelden keine Sympathien abgewinnen, weil er in seinen Augen als Meuchelmörder agierte, und als Politiker schon gar nicht, weil sich Bismarck gegen eine Umgestaltung des Staates ›von unten‹ her verwahrte.

Schiller war sich sehr wohl im Klaren, dass es eine kritische Angelegenheit sei, eine Mordwaffe in die

■ Kritik an der Tell-Gestalt

---

26 Siehe Ludwig Börne, *Über den Charakter des Wilhelm Tell in Schillers Drama*, in: L. B., *Schriften zur deutschen Literatur*, hrsg. von Walter Dietze, 2., durchges. Aufl., Leipzig 1987, S. 187–192.

Hand seines Helden zu legen. Um das Stück vor einer missverständlichen Auslegung zu schützen, baute er daher in der vorletzten Szene eine Art Sicherung ein: die Gegenüberstellung Tells mit Johannes Parricida, der mit dem Attentat auf König Albrecht »der Ehrsucht blut'ge Schuld« (S. 146) auf sich geladen hat. Zwei Mörder begegnen sich in dieser Szene, und doch sind sie durch Welten voneinander getrennt. Während sich der Herzog auf die gemeinsame Blutschuld beruft (S. 146), sieht Tell nichts Verbindendes in ihrem Handeln, empfindet nur Abscheu. Tell lässt keinen Zweifel daran, dass sein eigenes Tun moralisch vertretbar war, dass er nur deshalb tötete, um seine Familie zu schützen. Parricida hingegen hat die Bluttat aus egoistischem Antrieb begangen.

■ Parricida-Szene

Die Nachwelt hat diese Szene eher als entbehrlich empfunden, während Schiller sie als »Schlussstein des Ganzen«[27] verteidigte. Sein Ziel war es, Tells Handlungsweise dadurch in ihrer sittlichen Lauterkeit zu unterstreichen und das dramatische Geschehen abschließend wieder auf die Zentralfigur zu fokussieren. Sein moralisches Urteil spricht Schiller auch in der Art, wie er in beiden Charakteren das Gewissen wirken lässt: Während Parricida, wie von Rachegöttinnen getrieben, durchs Gebirge hetzt, hat Tell durch den Mord an Geßler seinen inneren Frie-

■ Tells moralische Bestätigung

27 Schillers Antwort an Iffland, in: Schiller (s. Anm. 3), Bd. 6: *Don Karlos: Erstausgabe 1787; Thalia-Fragmente 1785–1787,* hrsg. von Paul Böckmann und Gerhard Kluge, Weimar 1973, S. 457.

den nicht verloren: In seiner Hütte ist weiterhin die Unschuld zu Hause (S. 147), sein Verhältnis zu Gott noch immer ungebrochen (S. 147). Die Waffe, von der er sich vormals nicht hat trennen können (S. 73), ist nun für immer an einem sicheren Ort verwahrt (S. 144). Dadurch, dass sich der Naturmensch Tell – im Gegensatz zu Parricida – nicht von der Welt entfremdet hat, bestätigt Schiller die Rechtmäßigkeit seines Tuns.

7. Autor und Zeit

1759	Am 10. November wird Johann Christoph Friedrich Schiller als Sohn eines Regimentsarztes und einer Gastwirtstochter in Marbach am Neckar geboren.
1773	Auf Befehl des württembergischen Herzogs Karl Eugen muss Schiller in die Karlsschule, eine militärische Eliteanstalt, eintreten.
1782	Schillers dramatischer Erstling *Die Räuber* feiert in Mannheim eine triumphale Premiere. Der Herzog verbietet ihm weitere literarische Betätigung, woraufhin Schiller aus Stuttgart flieht.
1783/84	Erste Aufführung von *Die Verschwörung des Fiesco zu Genua* und *Kabale und Liebe* in Bonn und Frankfurt.
1785	Unterstützung durch seinen Freund Christian Gottfried Körner.
1786	Beginn der historischen Studien: Schiller spezialisiert sich dabei auf die frühe Neuzeit.
1787	Beginn des ersten Aufenthalts in Weimar, in dessen Zuge er auch Goethe kennen lernt.
1789	Antritt einer Professorenstelle in Jena, jedoch ohne Besoldung.
1790	Heirat mit Charlotte von Lengefeld.
1791	Schiller erkrankt schwer, in der Presse wird über seinen Tod berichtet.
1792	Das revolutionäre Frankreich macht Schiller zu seinem Ehrenbürger.
1794	Beginn der Freundschaft mit Goethe, die bis zum Tod Schillers anhält.

1798/99	Mit der *Wallenstein*-Trilogie nimmt Schiller in Weimar seine Arbeit als Dramatiker wieder auf. In den folgenden Jahren entstehen seine klassischen Tragödien.
1804	Uraufführung von *Wilhelm Tell*.
1805	Schiller stirbt nach langem Leiden am 9. Mai in Weimar an einer Lungenentzündung. Sein letztes Drama *Demetrius* bleibt unvollendet.

Biographische Übersicht

■ Familie

Friedrich Schiller wurde am 10. November 1759 als Sohn eines Soldaten und einer Wirtstochter in Marbach am Neckar geboren. Der Vater Johann Caspar hatte als Wundarzt gearbeitet, aber später wegen finanzieller Probleme in die württembergische Armee eintreten müssen. Das fromme Elternhaus sowie sein geistlicher Lateinlehrer bestärkten den kleinen Friedrich zunächst in dem Vorsatz, Geistlicher zu werden.

■ Karlsschule

Aus dem Berufswunsch des Kindes wurde jedoch nichts. Der württembergische Herzog Karl Eugen hatte für seine talentiertesten Landeskinder eine »Militär-Pflanzschule« auf Schloss Solitude zwischen Stuttgart und Leonberg einrichten lassen, in die einzutreten er den Knaben nach dreimaliger Aufforderung zwang. Vom 14. bis zu seinem 21. Lebensjahr verbrachte Schiller seine Zeit in einer Lehranstalt, die zugleich Kaserne und Gefängnis war – abgeschottet von seiner Familie, ohne einen einzigen Tag Urlaub, unter striktem Reglement, das man unter Androhung

Abb. 8: Friedrich Schiller, Ölgemälde von Ludovike Simanowiz, 1794. – © Deutsches Literaturarchiv Marbach

drakonischer Strafen einhalten musste. Auf den repressiven Druck reagierte Schiller mit Lustlosigkeit und katastrophalen schulischen Leistungen. 1774 begann er mit der Rechtswissenschaft, ein Jahr später wechselte er zum Medizinstudium, das er 1780 abschloss, um bei einem Hungerleider-Gehalt von grob umgerechnet 200 Euro pro Monat als Regimentsmedikus arbeiten zu können.

1782 bedeutete für Schillers Leben das Jahr der Wende. Es ist wahrscheinlich, dass er bereits 1777 mit der Arbeit an einem Theaterstück, betitelt *Die Räuber*, begonnen hatte. Heimlich hatte er daran während der Nachtwachen im Krankenzimmer der herzoglichen Akademie geschrieben, und um es 1781 anonym drucken zu lassen, war ihm das Schuldenmachen nicht erspart geblieben. Nun wurde es in Mannheim uraufgeführt – und sorgte dort für wilde Tumulte unter dem Publikum. Der junge Dichter konnte mit seinem Anteil der Eintrittsgelder gerade die Kosten der Reise abdecken, die er ohne Bewilligung unternommen hatte. Eine zweite Fahrt nach Mannheim, wiederum ohne Erlaubnis, blieb nicht unentdeckt und wurde von Herzog Karl Eugen mit zwei Wochen Arrest geahndet; außerdem war Schiller fortan nur mehr das Verfassen medizinischer Schriften gestattet.

Als sich der Gemaßregelte entschloss, zusammen mit einem Freund aus Stuttgart zu fliehen, war dies eine riskante Sache: Bei Misslingen drohten ihm wegen unerlaubter Entfernung von der Truppe Festungshaft und Degradierung. Nachdem Schiller glücklich das

■ Uraufführung der *Räuber*

■ Flucht aus Württemberg

württembergische Gebiet hinter sich gelassen hatte, waren die Probleme noch lange nicht beseitigt, im Gegenteil: Seine wirtschaftliche Situation war weiterhin prekär, dazu kamen die neue Orientierung in der Fremde und die Angst vor den Nachstellungen des Herzogs, die es ihm ratsam erscheinen ließ, eine Zeit lang unter dem falschen Namen »Dr. Ritter« zu leben.

Dank seiner Freunde konnte sich Schiller über Wasser halten. Ein Vertrag, der ihn verpflichtete, für die Mannheimer Bühne zu schreiben, bot Aussicht auf finanzielle Erholung, wurde jedoch nicht verlängert. So musste sich der Dichter andere Betätigungsfelder suchen: Er arbeitete als Verfasser und Herausgeber der Zeitschrift *Rheinische Thalia*, schrieb am Drama *Don Karlos* und versuchte, sich als Historiker eine Grundlage für ein solides bürgerliches Leben zu schaffen.

■ Dramatiker und Historiker

Als er 1788 von Johann Wolfgang Goethe für eine außerordentliche Professur in Jena vorgeschlagen wurde, reagierte Schiller skeptisch – einerseits fühlte er sich ungenügend qualifiziert, andererseits fürchtete er um seine Freiheit als Künstler. Seine Antrittsvorlesung *Was heißt und zu welchem Ende studiert man Universalgeschichte?* im Mai 1789 fand gewaltigen Andrang, doch betrieb Schiller die Profession des akademischen Lehrers ebenso halbherzig wie zuvor diejenige des Arztes – seine eigentliche Leidenschaft war und blieb die Dichtkunst. Obwohl er nicht vom Staat bezahlt wurde, sondern auf die Kolleggelder seiner

■ Professur in Jena

Hörer angewiesen war, festigten sich seine Verhältnisse allmählich – auch privat, als er 1790 Charlotte von Lengefeld heiratete und fortan eine ruhige und glückliche Ehe führte.

Gesundheitliche Probleme

Bereits 1783 hatte eine schwere Malariaerkrankung, die er auf radikale Weise selbst behandelte, die Gesundheit des Dichters schwer angeschlagen; acht Jahre später nahm ihn eine Lungen- und Rippenfellentzündung so sehr mit, dass bereits Gerüchte von seinem Ableben kursierten. Dies bewirkte insofern ein Umdenken bei Schiller, als er den Vorsatz fasste, die ihm verbleibende Lebenszeit möglichst intensiv schriftstellerisch zu nutzen, was ihm durch eine auf drei Jahre ausgesetzte Zuwendung von 1000 Talern erleichtert wurde, die ihm der Herzog von Augustenburg und der dänische Finanzminister gewährten.

Schiller und Goethe

Erst einige Jahre später, unter dem Eindruck der beginnenden Freundschaft mit Goethe, kehrte Schiller endgültig von der Geschichte und Philosophie wieder zur Dichtkunst zurück. Das Verhältnis der beiden Männer zueinander, dokumentiert in über 1000 Briefen, stand unter dem Zeichen gegenseitiger Anregung, respektvoller Kritik und der Entwicklung eines ästhetischen Programms. Bis zum Schluss redeten sie sich allerdings förmlich mit »Sie« an.

Schriftstellerischer Ruhm

Schiller begann sich wieder als Herausgeber zu betätigen, befasste sich nach siebenjähriger Pause erneut mit dem Schreiben von Gedichten und vollendete in rascher Folge jene Dramen, die seinen Ruhm als Klassiker ausmachen. 1799 übersiedelten Schiller und seine Familie nach Weimar; 1802 bezogen sie ein eigenes Haus auf der Esplanade. Am Ende lebte der ehemalige Schulversager und Deserteur finanziell gesichert, geadelt, gesellschaftlich emporgestiegen und als Literat über die Grenzen Deutschlands anerkannt.

Einzig die Hoffnung, trotz chronischen Leidens den 50. Geburtstag noch erleben zu können, sollte sich nicht erfüllen – am 9. Mai 1805 starb Schiller. Liest man den Obduktionsbericht, so wundert es einen, dass sich der Tod nicht schon früher eingestellt hatte: der rechte Lungenflügel aufgelöst, der linke durch Eiter zerstört, dazu eine Verengung des Darms und eine geschädigte Herzmuskulatur.

■ Tod

Um kaum einen anderen deutschen Dichter wurde nach seinem Tod ein dermaßen großer Kult betrieben wie um Schiller, kaum einem anderen Dichter ist aber auch seine eigene Wirkungsgeschichte so sehr zum Verhängnis geworden. So bot die hundertste Wiederkehr seines Geburtstags 1859 Gelegenheit zu unübersehbaren Manifestationen von Bürgerstolz und nationaler Begeisterung; erstmals wurden Festzüge zu Ehren eines Schriftstellers organisiert. Andererseits schmähte man ihn als Kultfigur der Bildungsphilister und bedachte sein Pathos mit Spott und Hohn. Heute ist man um eine Neubewertung Schillers bemüht, die vor allem seine Modernität als literarischer Experimentator unterstreicht.

■ Wirkung

Werktabelle

1781 *Die Räuber.* Bereits Schillers erster dramatischer Wurf greift das Thema des Selbsthelfers auf. Karl Moor, eine jugendliche Empörergestalt, wird aufgrund einer Intrige seines Bruders Franz vom Vater enterbt und verflucht; er terrorisiert in der Folge als Anführer einer Bande von Gesetzlosen das Land. Einflüsse von Shakespeare und den zeitgenössischen Dramatikern des »Sturm und Drang« sind unübersehbar.

1783 *Die Verschwörung des Fiesko zu Genua.* Schillers »republikanisches Trauerspiel« ist sein erstes historisches Drama. Es geht um die Empörung gegen Tyrannenmacht, anders als im *Wilhelm Tell* scheitert sie aber – bedingt durch den Machthunger des Umstürzlers Fiesko selbst, der nicht wie seine Mitverschwörer die Errichtung einer Republik für den Stadtstaat Genua anstrebt, sondern im Geheimen für sich die Herzogswürde. Damit wird er zum Verräter an der Revolution. Ein alter Republikaner stößt ihn am Ende ins Meer. In einer zweiten Fassung des Schlusses rettet Fiesko durch den Verzicht auf den Adelstitel sein Leben.

1784 *Kabale und Liebe.* Bei dem Zeitstück, unter dem Einfluss von Lessings bürgerlichem Trauerspiel *Emilia Galotti* (1772) entstanden, handelte es sich um die bis dahin ausgewogenste Komposition Schillers. Standesschranken verurteilen die

Liebe zwischen der Musikantentochter Luise und dem Spross einer Adelsfamilie, Ferdinand, zum Scheitern. Dessen Vater schreckt nicht davor zurück, mit einer Briefintrige in die bürgerliche Privatsphäre einzugreifen, um die beiden Liebenden auseinanderzutreiben. Schiller attackiert die Gesellschaft des Spätabsolutismus und zeichnet den Fürstenhof als Ort moralischer Verkommenheit, wo Mätressenwirtschaft und Soldatenhandel gedeihen.

1787 *Don Karlos.* In einzelnen Motiven wie etwa dem Vater-Sohn-Konflikt ist das Drama noch dem »Sturm und Drang« verpflichtet, andererseits stammen mehrere Überarbeitungen Schillers aus dessen klassischer Zeit. Wie Lessings *Nathan der Weise* (1779) oder Goethes *Iphigenie auf Tauris* (1787) veranschaulicht die Dramenhandlung eine ethische Wertvorstellung, nämlich die Idee der Freiheit, und die Bereitschaft, dafür sein Leben zu geben. Die historische Wahrheit ist diesem Prinzip untergeordnet.

1798 *Wallensteins Lager.*

1799 *Die Piccolomini, Wallensteins Tod.* Schon als Historiker hatte sich Schiller 1791–1793 mit der *Geschichte des dreißigjährigen Krieges* beschäftigt. Dem Dramatiker wuchs die Fülle des Stoffes zu einer Trilogie heran, in Prosa begonnen, schließlich in Verse umgearbeitet. Der kaiserliche Heerführer Wallenstein erscheint als undurchschaubarer Karrierist, der das politische

Risiko nicht scheut – eine Symbolgestalt für Schillers vom Krieg erschütterte Zeit. Neben den realen Figuren agiert das fiktive Liebespaar Thekla und Max – sie die Tochter des Titelhelden, er der Sohn von dessen Gegenspieler Octavio: eine Beziehung, die nicht glücklich enden kann.

1800 *Maria Stuart.* Wie schon zuvor suchte Schiller seinen dramatischen Stoff in den historischen Umbrüchen des konfessionellen Zeitalters. In einer kalkuliert aufgebauten Tragödie entrollt Schiller den Zwist zwischen der englischen Königin Elisabeth und der von ihr in Haft gehaltenen Schottenkönigin Maria. Der Konflikt verläuft auf zwei Ebenen: einerseits auf einer politischen, weil die Katholikin Maria zur Schlüsselgestalt für die englischen Umstürzler geworden ist; andererseits auf einer privaten, weil Elisabeth, die in ihre Herrscherrolle auf Kosten ihrer Weiblichkeit hineingewachsen ist, anders als Maria jeder sinnlichen Wirkung auf Männer entbehrt. Äußerlich triumphiert Elisabeth zwar über die Schottenkönigin, moralisch jedoch ist sie die Verliererin, denn Maria akzeptiert ihre Hinrichtung als Sühne für eine frühere Schuld.

1801 *Die Jungfrau von Orleans.* Wie *Wilhelm Tell* schildert diese »romantische Tragödie« das Eintreten eines Menschen einfacher Herkunft in die große Geschichte. Johanna, ein Bauernmädchen, wird zur Retterin Frankreichs, gerät mit ihrer Liebe zu dem Engländer Lionel in Konflikt mit ihrer göttlichen Sendung und stirbt den Heldentod in der Schlacht. Schiller opfert die Wirklichkeit – den Flammentod Johannas als Ketzerin – einer poetischen Verklärung, mit der er Voltaire Paroli bieten wollte, der 1762 in seinem Epos *La Pucelle d'Orléans* seinen satirischen Spott über die französische Nationalheldin gegossen hatte.

1803 *Die Braut von Messina.* In dem Theaterexperiment im Geiste der griechischen Tragödiendichter Sophokles und Euripides – aber mit mittelalterlichem Sujet – häuft sich über der Fürstenfamilie von Messina das Verhängnis: Zwei ohnehin schon miteinander verfeindete Brüder lieben dasselbe Mädchen, bei dem es sich noch dazu um die eigene Schwester handelt, deren Existenz von ihrer Mutter geheim gehalten worden ist. Am Ende stehen Brudermord und Selbstmord – die Dynastie ist damit im Mannesstamm erloschen, wie vom Orakel geweissagt. Die Wirkungsabsicht dieses lyrischen Chordramas kommentierte Schiller in seiner Schrift *Über den Gebrauch des Chors in der Tragödie*, die er dem Erstdruck voranstellte.

1804 *Wilhelm Tell.*

1805 *Demetrius.* Für das letzte Drama, an dem Schiller arbeitete, wählte er eine Begebenheit aus der Zeit der Wirren im Russland nach dem Tod

Iwans des Schrecklichen. Eine tödliche Krankheit zwang den Dichter, im 2. Akt abzubrechen; hätte er die Tragödie vollenden können, wäre ihm damit wahrscheinlich eines seiner überzeugendsten Werke gelungen.

Erstmals öffentliches Aufsehen als Schriftsteller hatte Schiller mit einem Theaterstück erregt; ein Theaterstück war auch das letzte poetische Werk, an dem er noch wenige Tage vor seinem Tod arbeitete. Schillers Pläne für die Bühne waren ehrgeizig: Ab 1797 legte der Dichter eine Liste mit insgesamt 32 Dramenprojekten an, die er auszuführen gedachte – nur ein Bruchteil davon wurde tatsächlich realisiert.

Bedeutung als Dramatiker

Freilich arbeitete Schiller nicht immer mit gleicher Intensität an seinen Theaterstücken. So war nach Veröffentlichung des *Don Karlos* über ein Jahrzehnt lang kein neues Drama des Dichters in deutschen Theatern zu sehen. In dieser Zeit befasste sich Schiller als Historiker mit Arbeiten über den Abfall der Niederlande von Spanien oder über den Dreißigjährigen Krieg und publizierte seine philosophischen und ästhetischen Schriften, darunter *Über Anmut und Würde, Vom Erhabenen* (beide 1793), *Über naive und sentimentalische Dichtung* (1795).

Historische und philosophische Schriften

Als Erzähler ist Schiller nicht so markant hervorgetreten wie Goethe. Mit *Der Verbrecher aus verlorener Ehre* (1786) schuf er allerdings die erste wichtige Kriminalgeschichte der deutschen Literatur, und sein Ro-

Schiller als Erzähler

manfragment *Der Geisterseher* (1789) übte später große Wirkung auf die Schauerliteratur der Romantik aus.

Einige Gedichte Schillers haben es zu großer Popularität gebracht – so »An die Freude« (1786) dank Beet-
hovens Vertonung in der »9. Symphonie«, vor allem
aber der dichterische Ertrag des so genannten »Balla-
denjahrs« 1797, wie etwa »Der Taucher«, »Der Ring des █ Lyrik
Polykrates« oder »Die Kraniche des Ibykus«, »Das Lied
von der Glocke« (1799) stand bis ins 20. Jahrhundert
als poetisierter Wertekatalog des Bürgertums in hohem Ansehen. Andere Teile seines Schaffens – wie
etwa seine Jugend- oder seine Gelegenheitsgedichte –
repräsentieren den unbekannten Lyriker Schiller, und
aus seinen umfangreichen, mittlerweile aus dem
Schulkanon weithin verschwundenen philosophischen Gedichten haben sich bestenfalls einige prägnante Sentenzen im allgemeinen Bewusstsein gehalten.

8. Rezeption

Unmittelbare Aufnahme

Die Uraufführung des *Wilhelm Tell* am 17. März 1804 dauerte fünf Stunden und forderte dem dicht gedrängten Publikum einiges an Ausdauer ab. Kein Wunder, dass die ersten kritischen Stimmen Anstoß an Länge und Notwendigkeit einiger Partien nahmen: am Tell-Monolog und am Auftritt Parricidas, an der Liebesgeschichte zwischen Bertha und Rudenz und am Umfang der Rütli-Szene. Ein Schweizer Rezensent bemängelte nach Lektüre der Buchausgabe (1804) einige Fehler in der Darstellung lokaler Verhältnisse. Andere rühmten das Stück als bislang ästhetisch gelungenstes des Autors. Schillers Ruf als Volksdichter war damit gefestigt; der aktuelle nationale und politische Gehalt fand bei der Beurteilung hingegen keine Beachtung.

■ Reaktionen auf die Uraufführung

Während des einen Jahres, das Schiller noch zu leben hatte, wurde *Wilhelm Tell* auf Bühnen in Berlin, Mannheim, Hamburg, Bremen, Frankfurt und anderen deutschen Städten gegeben und entwickelte sich zu einem großen Erfolg.

Naive und intellektuelle Lesart

Einer der Gründe für die Beliebtheit des *Wilhelm Tell* liegt in der Tatsache, dass der Zugang zu diesem Bühnenwerk sowohl über das Herz als auch über den Kopf möglich ist. Anders formuliert: Man kann dem Stück als naiver Leser ebenso etwas abgewinnen wie als intellektueller.

Die naive Lesart versteht den *Tell* als Volksstück, als nationales Festspiel, das einen verklärenden Blick auf die Geschichte richtet, oder als große Oper, in der es in erster Linie um grandiose Leidenschaften und imposantes Dekor geht – so wie von Gioacchino Rossini in seinem *Guillaume Tell* (1829) musikalisch auf die Bühne gebracht (s. 82). »Volksmäßigkeit« war mit ein Grund für Schiller gewesen, diesen Stoff zur Gestaltung in Erwägung zu ziehen.[28] Kein Wunder, dass das Schauspiel besondere Resonanz auch bei Laienbühnen fand – seit 1912 wird es in Interlaken jeden Sommer als Freilichtspiel dargeboten.

■ Popularität

Bereits Gottfried Keller schildert im zweiten Teil seines Romans *Der grüne Heinrich* (zweite Fassung: 1879/80) eine aufwendige Aufführung des Tell-Dramas: Gleich mehrere benachbarte Dörfer sind zur Realisierung mobilisiert, die Schauplätze auf mehrere Ortschaften verteilt – es findet also eher ein volkstümliches Massenspektakel als eine getreue Schiller-Inszenierung statt. Im Geist des Festspiels entstanden auch im Laufe des 20. Jahrhunderts einige Dramen aus der Feder Schweizer Autoren, die sich den Tell-Stoff aneigneten, ohne dabei jedoch ein Kunstwerk vom Rang Schillers liefern zu können. Und so bleibt das berühmteste Theaterstück, das in

■ Patriotisches Festspiel

28 Schiller an Wilhelm von Humboldt (18. August 1803), in: Schiller (s. Anm. 12), S. 62.

patriotischer Weise die Schweiz und die Schweizer verklärt, das Werk eines Schwaben – von Max Frisch in Hinblick auf das Selbstverständnis seiner eidgenössischen Landsleute nicht ohne Ironie als das »bestechende Geschenk eines importierten Nationaldramas« bezeichnet.[29]

■ Ideologie

Im Gegensatz dazu orientiert sich die intellektuelle Lesart am politisch-philosophischen Gehalt. Dieser hat im Lauf der Wirkungsgeschichte Resonanz in allen Lagern gefunden, im sozialistischen ebenso wie im bürgerlichen oder im nationalen. Schon Schiller schrieb 1803 über das Tell-Drama: »[S]o soll es ein mächtiges Ding werden, und die Bühnen von Deutschland erschüttern.«[30] Aber man begegnete dem Stück auch vielfach mit Skepsis und Vorsicht. Dem Theaterpraktiker August Wilhelm Iffland, der schon Schillers dramatische Anfänge betreut hatte, war das Stück politisch zu brisant. Er forderte vom Dichter Änderungen, weil er Bedenken gegen die überdeutlichen Anspielungen auf die Französische Revolution hegte.

29 Max Frisch, »*Schillerpreis-Rede*«, in: M. F., *Gesammelte Werke in zeitlicher Folge*, hrsg. von Hans Mayer unter Mitw. von Walter Schmitz, 12 Bde., Bd. 10: *Kleine Prosaschriften. Zürich-Transit. Biografie: Ein Spiel*, Frankfurt a. M. 1976, S. 362–369, hier S. 362.
30 Schiller an Körner (12. September 1803), in: Schiller (s. Anm. 12), S. 68.

Wilhelm Tell auf der Opernbühne

Etwa zwei Jahrzehnte nach Schillers Tod erlebte die Gattung Oper in Frankreich eine entscheidende Wandlung: Anstatt wie bisher mythologischen Stoffen den Vorzug zu geben, wandten sich Komponisten und Textdichter mehr oder weniger wahrheitsgetreuen Begebenheiten aus der europäischen Geschichte zu, hauptsächlich aus dem Mittelalter oder der frühen Neuzeit stammend. In ihren Bühnenwerken ging es fortan um dramatische Verstrickungen vor historischer oder pseudohistorischer Kulisse, um Politik und Macht, Liebe und Religion, zugespitzt zu spektakulären Szenen, in denen Vokalensembles und Chor prachtvoll zur Geltung kommen konnten. Alles war, dem Geschmack des bürgerlichen Opernpublikums entsprechend, gewürzt mit raffinierten Spezialeffekten, Balletteinlagen sowie verschwenderischen Kostümen und Bühnenbildern, die geschichtliche Authentizität suggerieren sollten. Indem es solcherart die unterschiedlichsten ästhetischen Konzeptionen in sich bündelte, rückte das neue Genre der »Grand Opéra« in die Nähe eines Gesamtkunstwerks.

■ Die Grand Opéra in Frankreich

Der Tell-Stoff lieferte die Grundvoraussetzungen dafür, zu einem Musterbeispiel solch repräsentativen Musiktheaters zu werden. Das packende Gegeneinander von Tyrannei und Freiheitswillen, die Notwendigkeit einprägsamer Massenszenen, dazu eine Liebesgeschichte, deren Entfaltung durch die Gräben, die sich durch die Gesellschaft ziehen, beeinträchtigt

■ Musterfall *Wilhelm Tell*

wird – waren dies nicht die idealen Zutaten zu einer Großen Oper? Und dazu noch Schiller: ein Autor, dessen Dramen die Franzosen im frühen 19. Jahrhundert starke Sympathien entgegenbrachten. Die Theaternation Frankreich wurde zu einer Art Katalysator für die Verbreitung seiner Bühnenwerke in Europa.

Als der berühmteste Opernkomponist seiner Zeit, der Italiener Gioacchino Rossini (1792–1868), daranging, Schillers *Tell* zu vertonen, befand sich Europa gerade in Revolutionsstimmung. So wie die erste *Tell*-Oper des Franzosen André Grétry 1791 – also mehr als ein Jahrzehnt vor Schillers Drama – vor dem Hintergrund der Französischen Revolution entstanden war, wurde Rossinis *Guillaume Tell* ein Jahr vor jenen Aufständen und Erhebungen uraufgeführt, die 1830 Frankreich, Belgien, die Schweiz, Italien, Polen sowie einige Staaten des Deutschen Bundes heimsuchten. Nicht zuletzt die Sympathielenkung machte dabei aus dem Schiller-Drama den Stoff, aus dem die Revolutionen sind. Dass ein biederes Landvolk sich gegen fremde Unterdrückung und Ungerechtigkeit erhebt, gab im Zeitalter des erwachenden nationalen Selbstbewusstseins eine ideale Vorlage zur Identifikation ab. Kein Wunder, dass Giuseppe Verdi (1813–1901) – wenige Jahrzehnte später der musikalische Motor der italienischen Einigungsbewegung – in insgesamt vier seiner Opern auf Schiller-Dramen zurückgriff, in denen es um politische Unterdrückung und Unfreiheit ging, die das Ausleben individueller Leidenschaften radikal beschnitten.

■ Tell-Stoff = Vorlage für Revolutionen

Rossini und seine drei Librettisten passten den *Tell*-Stoff den Gegebenheiten der Opernbühne insofern an, als sie einerseits den Handlungsverlauf des Schiller-Dramas zusammenstrichen, andererseits andere Akzente setzten. Eine Parricida-Szene sucht man bei Rossini vergeblich, die Handlung ist auf zwei Tage verkürzt, und vom umfangreichen Figurenverzeichnis des Schauspiels sind nur zwölf Solisten übriggeblieben – so werden verschiedene Figuren etwa zu einer einzigen zusammengezogen oder gar umgetauft: Schillers Rudenz und Bertha werden zu Arnold und Mathilde, dem Liebespaar der Oper. Während die Liebesgeschichte bei Aufführungen des *Tell*-Schauspiels zuweilen der Schere zum Opfer fällt, sorgt sie bei Rossini mit Duett-Szenen, die sich ausgiebig entfalten dürfen, für die lyrischen Höhepunkte der Oper. Hinzukommen zahlreiche Musiknummern, die Schweizer Lokalkolorit vermitteln sollen, und so einen großen Teil der ungekürzt an die vier Stunden dauernden Oper in Anspruch nehmen.

■ Gioacchino Rossinis *Guillaume Tell*

Waren Rossinis Opern früher auf die Virtuosität eitler Solistinnen zugeschnitten und die Nummern im Grunde genommen in ihrer musikalischen Gestaltung häufig austauschbar, so brach der Komponist im *Guillaume Tell* zu einer ungewohnt neuen musikalischen Sprache auf, die zwar nicht weniger eingängig und melodiös war, aber die privaten Emotionen und die Bewegungen der Masse in einem andersartigen Stil schilderte. Der Schlussteil der Ouvertüre ist – auch dank Film und Fernsehen – zu einer der popu-

■ Neue musikalische Sprache

Abb. 9: Die Apfelschuss-Szene in Rossinis *Guillaume Tell* an der Bayerischen Staatsoper (2014), eine Inszenierung von Antú Romero Nunes mit Gerald Finley (Guillaume Tell), Evgeniya Sotnikova (Jemmy, Tells Sohn). – © Bayerische Staatsoper

lärsten Melodien der klassischen Musik überhaupt geworden, und für Rossinis Komponistenkollegen Gaetano Donizetti (1797–1848) konnte der zweite Akt nur aus der Feder des lieben Gottes höchstpersönlich stammen.

Rezeption von Rossinis *Tell* Das Premierenpublikum reagierte auf das Werk allerdings weniger enthusiastisch. Von der aufwendigen Kompositionsarbeit ausgelaugt, entsagte Rossini daraufhin der Opernbühne und widmete sich in den ihm verbleibenden vier Lebensjahrzehnten – finanziell abgesichert und gesundheitlich angeschlagen – anderen musikalischen Genres sowie der Kochkunst. Sein *Tell* aber ist mittlerweile im Standardrepertoire

gelandet, nachdem er eine Zeit lang als politisch zu
brisant empfunden und ideologisch umfrisiert wor-
den war. So fand Rossinis *Tell*-Musik an der Berliner
Hofoper erstmals 1830 mit einem umgeschriebenen
Textbuch mit dem Titel *Andreas Hofer* ihre Hörer.
Schauplatz war nicht mehr die Schweiz, sondern
Tirol, und die Revolte richtete sich nicht gegen die
Macht Habsburgs, sondern – vom Standpunkt der
Zensur unbedenklicher – gegen die Fremdherrschaft
Napoleons.

Wilhelm Tell im Dritten Reich

Welchen ideologischen Sprengstoff das Drama bot,
bezeugt die Geschichte seiner Verbote: Während der
Napoleonischen Ära wurde seine Aufführung unter-
sagt, ebenso nach dem Ersten Weltkrieg durch die
französische Besatzungsmacht. Über die Bühne des
Wiener Burgtheaters durfte der *Tell* bis 1827 nur in einer von der Zensur genehmigten Fassung gehen.
Auch die Nationalsozialisten standen dem Stück
misstrauisch gegenüber: Zu sehr mochte die Figur
Geßlers Assoziationen zu Hitler wecken – beide Will-
kürherrscher, beide Österreicher, beide kinderlos und
ohne familiäre Bindungen.

■ Verbote
und Zensur

Dabei hatten die Nationalsozialisten *Wilhelm Tell*
anfangs noch unter einem sehr freundlichen Licht betrachtet. Schiller wurde von ihnen zu einem Wegbe-
reiter ihrer Ideologie umgedeutet, und seinen *Tell* sah
man zunächst als konform mit den Interessen des

■ *Wilhelm Tell*
und die NS-
Propaganda

Systems an, als historisches Abbild jener ›nationalen Erhebung‹ von 1933, die Deutschland grundlegend verwandelt hatte. In diesem Geist entstand 1934 unter der Regie von Heinz Paul ein Tonfilm, der vor imposanter Bergkulisse mit dem Pathos des Stummfilms die revolutionären Schweizer als Vorgänger der revolutionären Nationalsozialisten ins Bild brachte. Beteiligt daran war die Prominenz des Dritten Reichs: Am Drehbuch wirkte Hanns Johst mit, ein Hauptexponent völkisch-nationaler Dichtung und im Dritten Reich unter anderem Präsident der Reichsschrifttumskammer; Tells Frau wurde von Emmy Sonnemann dargestellt, der späteren zweiten Gattin Hermann Görings.

Anlässlich einer Aufführung, die er im Züricher Schauspielhaus besucht hatte, schrieb Thomas Mann 1934: »Ich war wiederholt ergriffen von den Beziehungen des Stückes zur Gegenwart und den neuen Möglichkeiten, die sein Freiheitspathos wieder gewonnen hat. Man hat das Gefühl, daß es wegen einer ganzen Reihe von schlagenden, das Gegenwärtige bei Namen nennenden Worten in Deutschland heute einfach nicht aufführbar ist.«[31]

Im Laufe der Jahre schien es auch der nationalsozialistischen Führung zu dämmern, dass ihre Ähnlichkeit mit Geßler und Konsorten weitaus offenkundiger war als die mit den braven Eidgenossen. Schiller

---

31 Tagebucheintragung Thomas Manns vom 28. September 1934, in: Th. M., *Tagebücher 1933–1934*, hrsg. von Peter de Mendelssohn, Frankfurt a. M. 1977, S. 532 f., S. 533.

wurde zur Chefsache: In einem vertraulichen Schreiben des Reichsleiters Martin Bormann an Hans Heinrich Lammers, den Chef der Reichskanzlei, war im Juni 1941 von einem Aufführungsverbot des *Wilhelm Tell* und der Streichung aus dem Schulunterricht auf Wunsch des Führers die Rede. Letzteres war konsequent kaum durchzuführen, und so modifizierte Lammers ein halbes Jahr später in einem Brief an den Reichsminister für Wissenschaft, Erziehung und Volksbildung: »Eine sofortige Entfernung der dem Schauspiel *Wilhelm Tell* entnommenen Kernsprüche und Lieder hält der Führer aus technischen Gründen nicht für möglich, auch nicht für notwendig.«[32] Das Schauspiel selbst aber wurde von den Nationalsozialisten verboten.

■ Verbot durch die Nationalsozialisten

Tell-Rezeption nach 1945

In den 60er und frühen 70er Jahren gewann Schillers Schauspiel neue Aktualität. Der gewaltsame Widerstand gegen die staatliche Autorität wurde zu einer über die Medien vermittelten Alltagserfahrung. 1964 schlug die Geburtsstunde der palästinensischen Befreiungsorganisation PLO, 1968 – im Jahr weltweiter Proteste gegen das Establishment – begann die baskische Separatistenbewegung ETA mit Sprengstoffanschlägen. Gewaltaktionen der neu erstarkten Irish

■ *Wilhelm Tell* und die Terrorszene

32 Zit. nach: Joseph Wulf (Hrsg.), *Theater und Film im Dritten Reich. Eine Dokumentation*, Frankfurt a. M. / Berlin 1989, S. 207.

Republican Army (IRA) und der 1970 gegründeten deutschen Roten Armee Fraktion (RAF) sorgten für Aufsehen. All das legte nahe, auch die Figur des Wilhelm Tell in einem neuen Kontext zu verstehen: wie jene palästinensischen Terroristen, die am 18. Februar 1969 auf dem Flughafen Zürich-Kloten ein startendes israelisches Flugzeug beschossen und sich danach zur Rechtfertigung ihrer Tat auf Wilhelm Tell beriefen. Den schillerschen Tell in Verbindung mit dem Terrorismus zu bringen, entspringt jedoch einem falschen Verständnis des Stücks, da Tells Tat jeglicher politischen Motivation entbehrt.

Max Frisch

In seiner Schillerpreis-Rede von 1965 berichtete Max Frisch, dass ihn Brecht einmal zum Schreiben eines »Tell-und-Rütli-Stücks«[33] aufgefordert habe, in dem die Habsburger als fortschrittlich und die Eidgenossen als reaktionär dargestellt werden sollten. Dieses Stück ist zwar nie entstanden, wohl aber 1971 das Büchlein *Wilhelm Tell für die Schule*: Frisch verbindet darin die kritische Interpretation der Gegenwart mit einer Demontage des Tell-Mythos; zudem treibt er in Form einer Wissenschaftssatire sein Spiel mit der historischen Glaubwürdigkeit. Die Protagonisten erscheinen umgewertet: Der Reichsvogt ist kein böser Tyrann, sondern ein gemütlicher, gutmütiger und höflicher Typ, während sich Tell weit entfernt vom

---

33 Max Frisch, *Gesammelte Werke in zeitlicher Folge: 1931–1985*, 7 Bde., hrsg. von Hans Mayer und Walter Schmitz, Bd. 5: *1964–1967: Mein Name sei Gantenbein. Kleine Prosaschriften*, Frankfurt a. M. 1976, S. 362–369.

Heroismus schillerscher Prägung als verschlossener Hinterwäldler durch die Gefilde der Schweiz bewegt – ein beschränkter Sturschädel und cholerischer Sonderling, misstrauisch gegenüber allem Fremden. So löst ironischer Spott über die Schweiz das Pathos idealistischer Verklärung ab.

In diesem Sinn meint auch der Schweizer Literaturwissenschaftler Walter Muschg, dass Schiller zum Opfer seines eigenen Stücks geworden sei, sein Werk habe unter der Popularität *Wilhelm Tells* gelitten: »Sie [die Berühmtheit] hat wie ein Farbstoff alle seine Werke durchdrungen und sie auf weite Strecken ungenießbar gemacht. Vielleicht wurde nie ein Dichter so mißverstanden und mißbraucht wie er. […] Da seinem Nachruhm in erster Linie das Telldrama zum Verhängnis wurde, muß man vor allem dieses zudecken, wenn man seine Größe erkennen will.«[34]

Trotzdem ist Schillers *Tell* bis heute ein Stück der Superlative geblieben. Für die Nachwelt hat es den Tell-Mythos am dauerhaftesten geprägt, und für Schiller brachte es nicht nur finanziell am meisten ein, sondern wurde auch sein populärster dramatischer Erfolg.

■ Tell-Mythos

---

34 Walter Muschg, *Studien zur tragischen Literaturgeschichte*, Bern/München 1985, S. 82.

Wilhelm Tell und die österreichische Nachkriegsliteratur

Auch in der jüngeren Literatur Österreichs hat Wilhelm Tell seine Spuren hinterlassen, bezeichnenderweise aber nicht als patriotische Sagenfigur. Vielmehr dient das Schauspiel Schillers als Bezugsquelle: Sowohl den Theaterstücken von Wolfgang Bauer (1941–2005) als auch von Felix Mitterer (geb. 1948) liegt der Klassiker als Folie zu Grunde, um das Moment der Täuschung ins Spiel zu bringen – jedoch jeweils unterschiedlich realisiert.

■ Wolfgang Bauers *Mikrodramen*

Genussvoll führt Wolfgang Bauer in seinen 1962 und 1963 entstandenen *Mikrodramen* die Erwartungen des Publikums in die Irre, indem er darin provokant den Umgang mit der theatralischen Darstellung zelebriert. Denn nach außen hin erfüllen die 21 Ministücke, deren Lektüre nicht länger als ein paar Minuten in Anspruch nimmt, alle Kriterien der Gattung »Drama«: Es gibt Sprechtexte, Bühnenanweisungen, Requisiten und szenische Strukturierungen. Allerdings sind die Dramen auf der Bühne nicht umzusetzen – der erforderte immense Aufwand steht in keiner Relation zu ihrer Kürze, eine zusammenhängende Handlung ist kaum oder überhaupt nicht vorhanden, und die Akteure artikulieren in verkümmerten Textpassagen Banales oder Zusammenhangloses. Bauers *Mikrodramen* sind eigentlich Anti-Dramen, deren verheißungsvolle Titel nur dazu dienen, dramatische Konventionen ad absurdum zu führen:

Ramses, *die drei musketiere* oder *cleopatra* erwecken beim Publikum Erwartungen, die nicht erfüllt werden – so auch *wilhelm tell*.

■ *wilhelm tell*

Schon die Schauplätze der ersten drei Szenen sind so gewählt, dass sie mit der Schweizer Alpenkulisse denkbar wenig zu tun haben: Die Handlung geschieht an Stränden in Italien, Frankreich und England. Allenfalls ein Sonnenschirm in der Farbe eines Apfels – was man sich auch immer darunter vorstellen mag – erlaubt Assoziationen mit dem Schiller-Drama. Der kleine Tell wird vom Intendanten des Osloer Schauspielhauses entdeckt und zusammen mit seiner Tante mit dem Zug nach Norwegen gebracht. Dort wird nach einer einstündigen Pause das *Tell*-Drama im Theater zur Aufführung gebracht: Man muss sich eine Bühne auf der Bühne vorstellen, auf der Bauers Stück von neuem beginnt und wieder in Oslo endet, wo es erneut anfängt – und so fort. Das erklärt auch die mysteriöse Anmerkung zu Beginn des Dramas, dass sowohl mit der Zahl der Szenen als auch mit der Zahl der Pausen nach Belieben verfahren werden könne. Wilhelm Tell ist in diesem Fall nicht mehr als ein Reizwort, eine Anspielung auf bildungsbürgerliche Leseerwartungen, ein Platzhalter, der den Leser an der Nase herumführt.

In anderer Form bringt Felix Mitterer Täuschung im Zusammenhang mit der Tell-Gestalt auf die Bühne – und zwar in seinem Stück *In der Löwengrube*, das auf einer wahren Geschichte basiert und erstmals 1998 am Wiener Volkstheater aufgeführt wurde. Das

■ Felix Mitterers *In der Löwengrube*

Werk übernimmt Grundelemente der Komödie, indem das Thema »Täuschung« durch Rollenspiel und Verkleidung dargestellt wird, positioniert diese Elemente aber in einem ernsten Kontext: Es geht um das Überleben eines Juden in der Zeit des Nationalsozialismus. Der jüdische Schauspieler Arthur Kirsch verliert durch das Berufsverbot seine Existenzgrundlage. Nach einem Jahr kehrt er in einer neuen Identität zurück, nämlich als kerniger Naturbursche vom Land, unkenntlich gemacht durch Vollbart und Tiroler Akzent. Unter dem Namen Benedikt Höllrigl gelingt dem vormals verfemten Akteur eine erstaunliche Karriere. Seine Paraderolle ist der Wilhelm Tell, dem er das Gesicht eines volkstümelnden Blut- und Boden-Helden leiht und der von ihm als Vorzeige-Arier auf die Bühne gebracht wird. Der Pseudo-Tiroler feiert Bühnentriumphe und versetzt sogar Propagandaminister Goebbels in Begeisterung. Die Maskerade hat somit einen doppelten Boden: Kirsch spielt Höllrigl, der seinerseits wieder einen urwüchsigen Tell spielt. Diese Köpenickiade sichert Kirsch – gleich dem biblischen Daniel in der Löwengrube – das Überleben in Berlin, dem Epizentrum des Nationalsozialismus.

Vorlage für Mitterers Stück war die erstaunliche Lebensgeschichte des Schauspielers Leo Reuß, der 1935 Deutschland verlassen musste und 1936 unter falscher Identität Mitglied des Wiener Theaters in der Josefstadt wurde. Anders als im Mitterer-Stück debütierte Reuß allerdings in der dramatischen Bearbeitung einer Schnitzler-Erzählung und wurde bereits wenige Tage nach der Premiere entlarvt. Er musste sich vor Gericht verantworten, emigrierte in die USA und starb 1946 an einem Herzinfarkt.

9. Prüfungsaufgaben mit Lösungshinweisen

Aufgabe 1: Wilhelm Tell. Charakterisierung

Arbeitsauftrag: Nach der Aufführung des *Wilhelm Tell* in Berlin erschien am 7. Juli 1804 in den *Berlinischen Nachrichten von Staats- und gelehrten Sachen* eine enthusiastische Besprechung. Darin heißt es an einer Stelle über die Titelgestalt: »Wir sahen eine rüstigen, mutigen Mann, der schnell das Rechte trifft, und es dann so rasch und kräftig ausführt, dass es Übereilung scheint, obgleich die langsamste Besonnenheit nichts Besseres, Edleres zu ersinnen weiß, als wozu ihn das Aufwallen seines Herzens *hinreißt*.«* – Entwickeln Sie – ausgehend von diesem Textausschnitt – eine Charakterisierung Wilhelm Tells.

* Zit. nach Franz Suppanz, *Erläuterungen und Dokumente. Friedrich Schiller: Wilhelm Tell*, Stuttgart 2005, S. 138–140, hier S. 140.

Lösungshinweise

Drei zentrale, ineinandergreifende Aspekte, die in der Rezension genannt werden, bieten sich zur Charakteranalyse an:

(1) Tapferkeit

»Wo's Not tut, Fährmann, lässt sich alles wagen« (S. 13) ist Tells zweiter Satz im Drama, als es gilt, den flüchtenden

Baumgarten in Sicherheit zu bringen. Wenn die Umstände keine andere Handlungsweise zulassen als den entschlossenen Zugriff, ist Tell der richtige Mann. Gerade durch diese selbstlose Bereitschaft zur spontanen Tat erntet Tell die Anerkennung seiner Landsleute. Dank seines Mutes hätte er auch das Zeug zu einer charismatischen Figur, also einer Art Erlösergestalt, in der sich die Hoffnungen einer Gemeinschaft spiegeln. Allerdings klammert sich Tell aus dieser Gemeinschaft aus: »Der Starke ist am mächtigsten allein« (S. 27).

(2) Tatmensch

Viel zu reden, das ist Tells Sache nicht – vielmehr pflegt er eine prägnante, formelhafte Sprache (siehe Kap. 3 »Figuren«, S. 21). Entscheidend für ihn ist die Schnelligkeit, mit der er zur Tat schreitet: »Wär ich besonnen, hieß' ich nicht der Tell« (S. 87). Schiller hat diese Stelle fast wörtlich aus dem *Chronicon Helveticum* des Aegidius Tschudi übernommen: »[W]är ich witzig, so hieß ich nit der Tell.«[35] Was bei Schiller Kennzeichen eines entschlussfreudigen, zupackenden Temperaments ist, ist bei Tschudi noch ein intellektuelles Defizit: denn ›witzig‹ wurde früher in der Bedeutung von ›geistreich‹ verwendet. Tatsächlich ist der Name »Tell« etymologisch verwandt mit dem Wort ›Tölpel‹. Schiller beauftragte seinen Verleger Cotta damit, Erkundigungen einzuziehen, inwieweit »Tell« nicht etwa ein Schimpfname sei.

---

35 Frank Suppanz, *Erläuterungen und Dokumente. Friedrich Schiller: Wilhelm Tell*, Stuttgart 2005, S. 66–78, hier S. 75.

(3) Instinktives Handeln

»Ich kann nicht lange prüfen oder wählen« (S. 27) – eine schnelle Entschlusskraft ist für einen Jäger, wie Tell einer ist, besonders wichtig. Tell ist ganz Naturmensch, unverbildet und schlicht. Er folgt seinem Herzen, nicht rationaler Überlegung. Seine am Spontanen orientierte Handlungsweise macht ihn für eine auf lange Sicht kalkulierende politische Planung (wie es die Gruppe der Eidgenossen handhabt) wenig tauglich. So folgt auch sein Attentat auf Geßler nicht mit dem Blick auf das große Ganze, sondern entspringt dem Bedürfnis, seine Familie zu beschützen (siehe Kap. 6 »Interpretationsansätze«, S. 61; zu weiteren Aspekten der Figurencharakterisierung siehe im Lektüreschlüssel S. 21).

Aufgabe 2: *Wilhelm Tell* als Revolutionsstück. Erörterung

Arbeitsauftrag: Untersuchen Sie, welche Position Schiller in *Wilhelm Tell* zu Aufstand und Revolution einnimmt.

Lösungshinweise

Biographischer Hintergrund

Schiller litt als Karlsschüler unter den Schikanen eines feudalen, auf patriarchalische Disziplinierung ausgerichteten Zwangssystems (siehe Kap. »Autor und Zeit«, S. 66). Das Bedürfnis nach Freiheit durchzieht sein Gesamtwerk (wie sich z. B. in *Die Räuber*, *Die Verschwö-rung des Fiesko zu Genua* und *Don Karlos* zeigt).

Geistesgeschichtlicher Hintergrund

Im vorliegenden Lektüreschlüssel finden sich diesbezüg-liche Hinweise in Passagen über …

- … die **Schweizbegeisterung** des 18. Jahrhunderts: die Schweiz als Land der Demokratie (S. 50) und als Ideal-fall einer von der Zivilisation noch nicht negativ beein-flussten Gesellschaft (S. 50);
- … **rechts- und staatsphilosophische Positionen**: Volkssouveränität (S. 56), Gesellschaftsvertrag (S. 54), Recht auf Widerstand (S. 54), Position Immanuel Kants S. 55), Naturrecht (S. 55), Gleichheitsgedanke (S. 57);
- … den Verlauf der **Französischen Revolution** (Kap. 11 »Zentrale Begriffe und Definitionen, S. 114) und zum allgemeinen Verhältnis zwischen *Wilhelm Tell* und der Revolution (Kap. 6 »Interpretationsansätze«, S. 56).

Revolution in »Wilhelm Tell«

(a) Parallelen zur Französischen Revolution:
Schiller schrieb seinen *Tell* ungefähr ein Jahrzehnt nach der Schreckensherrschaft, allerdings galt der Schweizer Freiheitsheld schon zuvor als Inkarnation revolutionären Handelns (siehe Kap. 6 »Interpretationsansätze«, S. 56). Obwohl im Drama dieselben Ideale verfolgt werden wie in der Realität, ist *Wilhelm Tell* keine Darstellung der Französischen Revolution in anderem Gewand, obwohl einige Handlungselemente sehr an das revolutionäre Ge-schehen erinnern:

- Das Symbol des **Freiheitsbaums** kommt in anderer Gestalt auf die Bühne (siehe S. 56 und S. 58);
- die Zerstörung der **Geßlerburg** verweist auf den Bastillesturm von 1789 (siehe S. 56).

(b) Unterschiede zur Französischen Revolution:
Obwohl Schiller bis zu seinem frühen Tod konsequent für die Ideale der Revolution eintrat, schreckte er vor ihrem Verlauf und ihren Exzessen zurück. In *Wilhelm Tell* entwirft er gleichsam ein utopisches Gegenmodell zum Umsturz in Frankreich – ein Volksaufstand, der…

- … anders legitimiert ist, weil die Schweizer nicht von ihren eigenen Landleuten unterjocht werden, sondern sich der **Kampf gegen Mächte von außen** richtet;
- … unter dem Vorzeichen der **Mäßigung** steht (*Wilhelm Tell*, S. 65 f.) und nicht im Chaos ausartet (Lektüreschlüssel, S. 60);
- … die **herrschaftliche Autorität** weiterhin anerkennt (*Wilhelm Tell*, S. 60 und S. 65 f.);
- … sich – anders als die radikalen Revolutionäre in Frankreich – auch weiterhin auf **Gott** beruft;
- … das **Gemeinsame** über das Trennende stellt (S. 69: »ein einzig Volk von Brüdern«) und die Front der Aufständischen nicht wie bei den Protagonisten der Französischen Revolution durch Fraktionskämpfe im Inneren zerrissen ist.

Aufgabe 3: Der Apfelschuss (III,3). Szenenanalyse

Arbeitsauftrag: Analysieren Sie die Apfelschuss-Szene in der dritten Szene des dritten Aufzugs mit besonderer Berücksichtigung ihrer Bedeutung für den Gesamtverlauf der Handlung.

Lösungshinweise

Informationen zum Handlungsablauf sowie der Motivgeschichte der Szene finden Sie im Lektüreschlüssel im Kap. 2 »Inhaltsangabe (S. 16) und Kap. 4 »Form und literarische Technik« (S. 34).

Bedeutung für die Handlungsstruktur

Die Szene bildet das Kernstück des Dramas: Sie ist genau in der Mitte des Schauspiels positioniert und damit dort, wo laut klassischem Dramenmodell (nach Gustav Freytag, *Technik des Dramas*; 1863) der Höhepunkt der Handlungskurve stattfindet. Durch die Geschehnisse in der Apfelschuss-Szene werden bislang bestehende Einstellungen und Verhältnisse zerlegt und neu ausgelegt, sodass andere Voraussetzungen für den Gang des Dramengeschehens bis zum Ende maßgeblich werden (siehe hierzu im Lektüreschlüssel S. 34).

Dies betrifft …

- … **Tell:** Geßlers Willkürakt bringt den vormals Unpolitischen gegen den Landvogt auf; damit wird eine Kausalkette in Gang gebracht, an deren Ende das geglückte Attentat auf Geßler steht.

- … **die Eidgenossen:** Für sie wird der Probeschuss zum Katalysator für die Revolte und letztlich für die Unabhängigkeit (siehe dazu im Lektüreschlüssel, S. 35).

Zum Verhalten weiterer Figuren:

- **Geßler:** Er zeigt sich gleich bei seinem ersten Auftritt als sadistisches Ungeheuer. Einerseits sichert er Tell Leib und Leben zu (S. 95), andererseits setzt er seine Versprechungen sehr elastisch um, wenn er ihn verhaften lässt, um ihn in den Kerker zu werfen (S. 96, siehe im Lektüreschlüssel S. 17).
- **Bertha und Rudenz:** Beide raten Geßler zur Mäßigung. Bertha meint, Geßler habe sein Spiel bereits zu weit getrieben, und Rudenz warnt davor, dass der Vogt den Bogen überspannen könnte. Er solidarisiert sich in aller Öffentlichkeit mit seinen Landsleuten (Lektüreschlüssel, S. 41).

Textgenese

Es handelt sich um die repräsentativste und einprägsamste Szene der Tell-Sage und des Stücks, ja um eine der bekanntesten der deutschen Dramenliteratur überhaupt – festgehalten auf zahllosen seriösen Illustrationen wie auch auf satirischen Bilderwitzen.

Schillers ursprüngliche Konzeptionen der Szene, gedacht für verschiedene deutsche Bühnen, zeigen Geßlers Befehl zum Apfelschuss noch vergleichsweise unmotiviert:[36] Hier folgt der Befehl unmittelbar darauf,

---

36 Die entsprechenden Textvarianten sind abgedruckt und kommentiert in: Suppanz (s. Anm. 35), S. 117–122.

dass Tell dem Landvogt seine beiden Söhne vorstellt. Auf eine diesbezügliche Kritik Goethes reagierte Schiller zuerst ein wenig mürrisch, entschied sich aber dann doch zur Umarbeitung der Szene, so wie sie sich heute präsentiert: Erst auf die vorlaute Bemerkung Walthers, sein Vater könne jeden Apfel aus großer Entfernung vom Baum schießen, kommt der Landvogt auf die Idee, Tells Treffsicherheit auf die Probe zu stellen.

Beispiele für die Realisierung des Apfelschusses auf der Bühne:

Während Tell auf den Apfel schießt, legt Schiller den Fokus auf eine Auseinandersetzung zwischen Geßler und Rudenz (*Wilhelm Tell*, S. 93 f.). Obwohl das Publikum zu diesem Zeitpunkt abgelenkt ist, ist es aus naheliegenden Gründen natürlich nicht möglich, mit der Armbrust einen echten Schuss abzugeben. Folgende Möglichkeiten, ihn in Szene zu setzen, sind u. a. denkbar:

- Die einfachste Lösung ist, dass der Pfeil den Apfel außerhalb der Bühne trifft; d. h. Walther verlässt kurzfristig die Bühne und kehrt mit dem durchbohrten Apfel wieder zurück.
- Der Knabe befindet sich auf der Bühne, ein Signal über Funk lässt zwei im Apfel versenkte Bolzen auf beiden Seiten hervorspringen, sodass die Illusion eines Treffers entsteht (Burgtheater Wien, 1989).
- Eine Figurenkette reicht den Pfeil im Zeitlupentempo weiter (Rossini, *Guillaume Tell*, Staatsoper Wien, 1998).

10. Literaturhinweise/Medienempfehlungen

Textausgaben

Friedrich Schiller: Wilhelm Tell. Schauspiel. Herausgegeben von Uwe Jansen. Stuttgart: Reclam, 2013 [u. ö.]. (Reclam XL. Text und Kontext. 19020.) – *Umfasst den Text des Dramas nebst einem Anhang mit einer Zeittafel, Anmerkungen, knappen bibliographischen Hinweisen sowie Materialien zur Deutung und Rezeption. Nach dieser Ausgabe wird zitiert.*

Friedrich Schiller: Wilhelm Tell. Schauspiel. Anm. von Josef Schmidt. Stuttgart: Reclam, 2000. (Reclams Universal-Bibliothek. 12.) – *Reformierte Rechtschreibung. Diese Ausgabe des Werktextes ist seiten- und zeilengleich mit der Ausgabe Reclam XL.*

Friedrich Schiller: Werke. Nationalausgabe. Bd. 10: Die Braut von Messina. Wilhelm Tell. Die Huldigung der Künste. Hrsg. von Siegfried Seidel. Weimar 1980. – *Die 1943 begonnene Nationalausgabe (NA) – mittlerweile auch kostenpflichtig über das Internet abrufbar – bringt nicht nur die für die wissenschaftliche Auseinandersetzung mit Schiller maßgebliche Textgestalt des »Wilhelm Tell« (S. 127–277), sondern auch Informationen und Materialien zur Entstehungs- und Wirkungsgeschichte, listet die durch Exzerpte gesicherten Quellen Schillers auf und bietet neben Erläuterungen einen historisch-kritischen Apparat.*

Zu Autor und Gesamtwerk

Alt, Peter-André: Schiller. Leben – Werk – Zeit. Eine Biographie. 2 Bde. München 2000. – *Auf etwa 1400 Seiten
verbinde der Autor den aktuellen Forschungsstand mit
akribischer Liebe zum Detail. Über »Wilhelm Tell«: Bd. 2,
S. 565–586.*

Darsow, Götz-Lothar: Friedrich Schiller. Stuttgart/Wei-
mar 2000. – *Der Verfasser interpretiert Schiller als Dichter einer Umbruchszeit und verteidigt dessen Modernität. Über »Wilhelm Tell«: S. 213–221.*

Gellhaus, Axel / Norbert Oellers (Hrsg.): Schiller. Bilder
und Texte zu seinem Leben. Unter Mitarb. von Georg
Kurscheidt und Ursula Naumann mit einem Beitrag
von Roswitha Klaiber. In Verb. mit der Deutschen
Schillergesellschaft. Photographien und Gestaltung
von Rudolf Straub. Köln/Weimar/Wien 1999. – *Ein
origineller Zugang zu Leben und Werk Schillers: Die
Herausgeber haben aus der Biographie des Dichters
38 Schicksalstage ausgewählt und in kurzen Aufsätzen
näher erläutert. Die zahlreichen Abbildungen setzen bewusst auf den Kontrast zwischen modernen Photographien und historischen Darstellungen. Über »Wilhelm
Tell«: S. 322–329.*

Koopmann, Helmut (Hrsg.): Schiller-Handbuch. In Zusammenarb. mit der Deutschen Schillergesellschaft
Marbach. Stuttgart 1998. – *Ein umfangreiches Standard-
werk, in dem zahlreiche Fachgelehrte zu unterschiedlichen Aspekten von Leben, Werk und Wirkung Schillers
zu Wort kommen. Monika Ritzer über das »Volksstück«*

»Wilhelm Tell«: S. 265–268; Interpretation von Hans-Jörg Knobloch: S. 486–512.

Luserke-Jaqui, Matthias (Hrsg.): Schiller-Handbuch. Leben – Werk – Wirkung. Unter Mitarb. Von Grit Dommes. Stuttgart/Weimar 2005. – *Dramen, Gedichte, Erzählungen, darüber hinaus historische, theoretische und kritische Schriften sowie Übersetzungen und Briefe: Die gesamte Bandbreite des schillerschen Schaffens wird im Überblick dargestellt, inklusive Interpretationen und weiterführender Literaturhinweise. Auch als Paperback-Ausgabe und E-Book erhältlich. Über »Wilhelm Tell«: S. 214–236.*

Oellers, Norbert: Schiller. Elend der Geschichte, Glanz der Kunst. Stuttgart 2006. – *Werkmonographie mit interpretierendem Überblick über das Gesamtwerk Schillers. Über »Wilhelm Tell«: S. 291–313.*

Schafarschik, Walter: Friedrich Schiller. Stuttgart 1999. – *Ein Band aus der Reclam-Reihe »Literaturwissen«, der Schülerinnen und Schülern sowie Studierenden einen konzentrierten Überblick über Leben und Werk des Dichters bietet. Über »Wilhelm Tell«: S. 134–143.*

Wetzel, Christoph (Hrsg.): Friedrich Schiller. Salzburg 1979. – *Chronik von Schillers Leben und Auszüge aus seinen Werken, mit reichem und zum Großteil farbigem Bildmaterial.*

Wilpert, Gero von: Die 101 wichtigsten Fragen: Schiller. München 2009. – *Zum 250. Geburtstag Schillers wartet der bekannte Germanist mit einer Reihe origineller Fragen auf (»Rauchte Schiller?«, »Wem gehört Schillers Schädel?«, »Wo schlägt Schillers Glocke?«) und beant-*

wortet sie auf ebenso sachkundige wie unterhaltsame Art, indem er auch für Schiller-Kenner die eine oder andere Kuriosität serviert.

Zymner, Rüdiger: Friedrich Schiller. Dramen. Berlin 2002. – *Die neun großen Dramen Schillers werden jeweils nach vier Gesichtspunkten dargestellt: Entstehung und Einflüsse, Rezeption bei den Zeitgenossen, Übersicht über die Forschungslage, Aspekte der Interpretation. Über »Wilhelm Tell«: S. 143–156.*

Sekundärliteratur zu *Wilhelm Tell*

Best, Alan: Alpine Ambivalence in Schiller's *Wilhelm Tell*. In: German Life and Letters 37 (1983/84) S. 297–306. – *Darstellung der Figur Tells in ihrem Verhältnis zu den Schweizer Landsleuten und zu Geßler.*

Borchmeyer, Dieter: Um einen anderen *Wilhelm Tell* für die Schule bittend. In: Der Deutschunterricht 35 (1983) S. 78–89. – *Durch eine politische Lesart, die zur Reflexion über die Grundlagen des demokratischen Staatswesens einlädt, gewinnt eine als Zitatenfundgrube und Spiegel hausbackener Idylle in Verruf gekommene Klassikerlektüre an neuer Brisanz.*

Flaschka, Horst: *Wilhelm Tell* und das Problem der gerechten Gewalt. In: Diskussion Deutsch 18 (1987) S. 321–330. – *Der Aufsatz erörtert Schillers politisches Anliegen in der Thematisierung von Widerstandsrecht und Notwehr und sucht Anknüpfungspunkte zum Einsatz von Gewalt im modernen Terrorismus.*

Guthke, Karl S.: Schillers Dramen. Idealismus und Skepsis. Tübingen/Basel 1999. – *Auf S. 279–304 findet sich der Aufsatz »Wilhelm Tell. Der Fluch der guten Tat«, der sich gegen eine naiv-idealisierende Rezeption richtet und mit der Isolation des Titelhelden von der Schweizer Revolution die politische Problematik unterstreicht.*

Hinderer, Walter: Jenseits von Eden: Zu Schillers *Wilhelm Tell*. In: Geschichte als Schauspiel. Deutsche Geschichtsdramen. Interpretationen. Hrsg. von Walter Hinck. Frankfurt a. M. 1981. S. 133–146. – *Analysiert Schillers Drama und sein Verhältnis zur Geschichte im Kontext zeitgenössischer Fragestellungen.*

Hochhuth, Rolf: Tell gegen Hitler. Historische Studien. Mit einer Rede von Karl Pestalozzi. Frankfurt a. M. 1992. – *Auf S. 127–153 findet sich in diesem Sammelband jene Rede, die der Autor 1989 im Wiener Burgtheater zur hundertsten Wiederkehr von Hitlers Geburtstag hielt. Hochhuth bringt die ›existenzielle Beunruhigung‹ des deutschen Diktators durch Schillers Drama zur Sprache und setzt es in Beziehung zum Widerstand gegen die Gewaltherrschaft der Nationalsozialisten.*

Schlemmer, Ulrich: Aufstieg und Fall eines Helden. Eine Unterrichtseinheit zur vergleichenden Behandlung von Friedrich Schillers Drama *Wilhelm Tell* und Max Frischs *Wilhelm Tell für die Schule*. In: Diskussion Deutsch 23 (1992) S. 108–122. – *Ein Praxisbericht, der an die Zielgruppe der Deutschlehrer gerichtet ist und übersichtlich angeordnete, stichwortartige Anregungen für die Unterrichtsgestaltung bringt.*

Suppanz, Frank: Erläuterungen und Dokumente. Friedrich Schiller: *Wilhelm Tell*. Stuttgart 2005. – *Löst das alte Reclam-Kompendium von Josef Schmidt aus dem Jahr 1969 (durchgesehene Ausgabe 2001) ab und liefert Wort- und Sacherklärungen, Textvarianten sowie Quellen zur Stoff-, Entstehungs- und Wirkungsgeschichte in erweiterter Form.*

Ueding, Gert: *Wilhelm Tell.* In: Schillers Dramen. Interpretationen. Hrsg. von Walter Hinderer. Stuttgart 1992. S. 385–425. – *Der Autor gibt Hinweise zur Stoff- und Werkgeschichte, analysiert die historische und politische Dimension des Stoffes, erörtert den Festspielcharakter, gibt ein differenziertes Bild der Titelfigur und behandelt abschließend Aufbau und Freiheitsmythos.*

Zur Epoche

Bahr, Ehrhard (Hrsg.): Geschichte der deutschen Literatur. Kontinuität und Veränderung. Vom Mittelalter bis zur Gegenwart. 3 Bde. Tübingen/Basel 1987–88. Bd. 2: Von der Aufklärung bis zum Vormärz. – *Ein im Studienbetrieb erfolgreiches Übersichtswerk, das die Texte in gesamtgeschichtliche Zusammenhänge einbettet und sich kritisch mit dem Epochenbegriff und der literarischen Rezeption auseinandersetzt. Über »Wilhelm Tell«: S. 225–227.*

Borries, Ernst und Erika von: Die Weimarer Klassik, Goethes Spätwerk. München ²1992. – *Ziel der Reihe aus dem Deutschen Taschenbuch Verlag ist es, dem interessierten Laien hauptsächlich anhand von ausführlicheren Einzelinterpretationen einen Literaturüberblick anzubieten. Über »Wilhelm Tell«: S. 236–257.*

Andere Medien

Zum Lesen

Boller, David / Meylaender, Nicolas: Die Legende von *Wilhelm Tell*. Eine Graphic Novel nach Friedrich Schiller. Wollerau 2017. – *Die Graphic Novel ist bei Tell-Branding erschienen, einem jungen Unternehmen, das sich zum Ziel gesetzt hat, den Tell-Stoff als populärkulturellen Mythos in unterschiedlichen medialen Formaten zu vermarkten. Neben einer Graphic Novel nach dem Schiller-Drama und einer Kinderbuchreihe um Walter Tell wurde auch eine Comic-Serie mit Wilhelm Tell als Superhelden in Marvel-Manier gestartet, die freilich mit der mittelalterlichen Sagenfigur wenig zu tun hat: Als muskulöser Armbrustschütze agiert er in einer abgewirtschafteten Schweiz der nahen Zukunft.*

Zum Hören

Guillaume Tell. Oper von Gioacchino Rossini. Uraufführung 3. August 1829 in Paris an der Académie Royale de Musique. – *Eine hervorragende Gesamteinspielung der französischen Fassung liegt auf vier CDs (EMI CLASSICS) mit Gabriel Bacquier in der Titelrolle, Nicolai Gedda als Arnold und Montserrat Caballé als Mathilde vor, Dirigent ist Lamberto Gardelli. Freunde der italienischen Version (»Guglielmo Tell«) greifen am besten zu der mit Sherill Milnes, Luciano Pavarotti, Mirella Freni und Nicolai Ghiaurov prominent besetzten Aufnahme unter*

Riccardo Chailly aus dem Jahr 1980 (Decca). Bei Opus Arte ist eine DVD mit einer Aufführung unter der Leitung von Riccardo Muti erschienen.

Wilhelm Tell. Gelesen von Hans Sigl. Sony Music Entertainment / Reclam Hörbücher, 2019. – *Online bei You-Tube und Spotify zu hören.*

Wilhelm Tell von Friedrich Schiller. Hörspiel mit Maximilian Larsen und Hans Ginohr. Audio-Verlag, 2014.

Wilhelm Tell von Friedrich Schiller. VOX Hörbücher, 2017. – *Online u. a. zu hören bei www.youtube.com/ watch?v=nn-9sIeiW_0 (Stand: 21. 11. 2018). Eine solide Konstitution ist für den Konsum dieses Kuriosums Grundvoraussetzung: Ein einziger Sprecher (!) übernimmt alle Rollen und benötigt für den sonoren Vortrag des ganzen Dramas nahezu fünfeinhalb Stunden.*

Zum Sehen

Friedrich Schiller: Wilhelm Tell. Österreich 1956. Regie: Josef Gielen / Alfred Stöger. Mit: Ewald Balser, Albin Skoda, Raoul Aslan. – *Inszenierung vom alten Schlag mit legendären Größen des Wiener Burgtheaters, die auf DVD bestellt werden kann.*

Sommers Weltliteratur to go. Wilhelm Tell von Friedrich Schiller. – *Fassung des Dramas als elfminütiges Internet-Video mit Playmobil-Figuren von dem Regisseur, Autor und Dramaturgen Michael Sommer. Auf YouTube einsehbar unter www.youtube.com/watch?v=Oa87zg-zN6qY (Stand:21. 11. 2019).*

11. Zentrale Begriffe und Definitionen

Ballade: Schon die Herkunft des Wortes aus dem Italienischen – *ballata* bedeutet ›Tanzlied‹ – zeigt an, dass es sich bei dieser literarischen Form ursprünglich sowohl um ein interkulturelles als auch um ein multimediales Phänomen handelt. Die Anfänge der anonym überlieferten Volksballade liegen im universalen Bedürfnis, besondere Geschichten weiterzuerzählen, in diesem speziellen Fall unterstützt durch Rhythmus, Reim und Musik. Erst im späten 18. Jahrhundert bildete sich unter dem Einfluss von Gottfried August Bürger (*Lenore*, 1774) und Ludwig Gleim die Kunstballade heraus, sie war zu Lebzeiten Schillers also ein vergleichsweise junges Genre. Den gattungsübergreifenden Aspekt betont Goethes berühmte Definition der Ballade als poetisches »Ur-Ei«, das gleichermaßen Lyrisches, Episches und Dramatisches zusammenfasse: Im äußeren Erscheinungsbild gleicht die Ballade einem Gedicht, erzählt allerdings eine fiktionale Geschichte und greift in Struktur und Dialogführung auf die Elemente eines Theaterstücks zurück. Während Goethe Sagenhaftes, Mythisches und Naturmagisches für seine Balladen bevorzugte, griff Schiller gerne auf historische Stoffe zurück, nutzte sie für die Vermittlung moralischer Botschaften, verzichtete dabei aber fast ausnahmslos auf ironische oder humorvolle Untertöne.

➤ S. 8, 47, 77

Bastillesturm: Die Bastille, eine im Osten von Paris gelegene mittelalterliche, von Gräben umgebene Burg, wurde ab dem 17. Jahrhundert als Staatsgefängnis genutzt. Während der absolutistischen Königsherrschaft entwickelte sich das Bauwerk zunehmend zum Symbol für monarchische Tyrannei. Am 14. Juli 1789 erstürmte die unzufriedene Pariser Bevölkerung die Festung. Berühmtheit erlangte dieses Ereignis weniger dadurch, dass bloß sieben Gefangene – darunter zwei Geisteskranke – befreit wurden, sondern durch den Akt der Auflehnung an sich, der es zu einem Schlüsselmoment der ➤ Französischen Revolution machte. Die Erinnerung an dieses Ereignis ist geblieben – der 14. Juli ist seit 1880 französischer Nationalfeiertag –, die Bastille selbst ist jedoch verschwunden: Sie wurde unmittelbar nach ihrer Erstürmung abgerissen.

➤ S. 56–59

Biedermeier: Für die vom literaturgeschichtlichen Standpunkt aus gesehen sehr heterogene Epoche zwischen dem Wiener Kongress (1814/15) und der Märzrevolution von 1848 kursieren unterschiedliche Begriffe, etwa Restauration, ➤ Vormärz oder Biedermeier. Letzterer hat auch in der Geschichte der Alltagskultur (z. B. Möbel, Musik, Kleidung) und Malerei seine Gültigkeit. In der Literaturwissenschaft werden damit vordergründig unpolitische Texte bezeichnet, in denen die Betonung von Genügsamkeit und sittlicher Disziplin ebenso eine Rolle spielt wie das Lob der Freundschaft und der kleinen Dinge, gleichzeitig aber auch Momente der Entsagung oder der Schwermut zur Sprache kommen.

➤ S. 31

Blankvers: besteht aus der fünfmaligen Abfolge einer unbetonten und einer betonten Silbe – daher auch die Bezeichnung »fünfhebiger Jambus«. Dass sich Blankverse zwingend reimen, ist nicht erforderlich; auch kann der Blankvers am Ende eine überzählige unbetonte Silbe aufweisen, wie in folgendem Beispiel aus *Wilhelm Tell* (S. 117):

Durch díese hóhle Gásse múss er kómmen […].

Wegen seiner Nähe zur Prosa wurde der fünfhebige Jambus zum beliebtesten Vers des klassischen und nachklassischen deutschen Dramas – man findet ihn in Theaterstücken von Goethe, Schiller, Kleist, Grillparzer, Hebbel und anderen. Er löste dabei den sechshebigen Jambus (Alexandriner) der Barockzeit ab, der die Sprache in einen weitaus unnatürlicheren Fluss gezwungen hatte.

➤ S. 22

Blut-und-Boden-Literatur: für die Ästhetik der Nationalsozialisten maßgebliches Schlagwort: Kunst und Literatur feierten in kitschig-pathetischer Manier die Ideologie des Dritten Reichs, indem Vorstellungen von Herrenrasse, Volksgemeinschaft, urtümlicher ➤ Idylle des Landlebens u. a. propagandistisch verklärt wurden.

➤ S. 92

Bürgerliches Trauerspiel: Im 18. Jahrhundert verlor die Ständeklausel der ➤ Tragödie an Verbindlichkeit. Die Erfahrung des Tragischen war nicht mehr ausschließlich an Figuren von hohem gesellschaftlichem Rang gekoppelt. Mit dem Aufstieg des Bürgertums wurde in wachsendem Maße auch dieser sozialen Schicht zugestanden, Träger des Tragischen sein zu können, wobei die dramatischen Konflikte insbesondere aus den gegensätzlichen Lebensverhältnissen zu den Vertretern des Adels erwachsen konnten. Ihren Ursprung hat diese Form der Tragödie in Frankreich und England; im deutschen Sprachraum fand sie ihr

Echo u. a. beim Aufklärungsdichter Gotthold Ephraim Lessing (*Miss Sara Sampson*, 1755), bei den Vertretern des ➤ Sturm und Drang (Heinrich Leopold Wagner, Jakob Michael Reinhold Lenz) sowie beim jungen Schiller (*Kabale und Liebe*, 1784).

➤ S. 72

Chronik: eine seit der Spätantike gängige Form der Geschichtsschreibung (von lat. *chronica* ›Geschichtsbücher‹) in Prosa oder Versen, die in der Regel einen größeren Zeitraum überblickt, indem sie Ereignisse in chronologischer Abfolge darstellt. Mittelalterliche Chroniken vermischten die Erzählungen realgeschichtlicher Abläufe gerne mit sagenhaften Berichten oder Aspekten der Heilsgeschichte.

➤ S. 47 f.

Epos: Wie der literaturgeschichtlich weitaus jüngere Roman zählt auch das Epos (griech. ›Wort, Erzählung, Vers‹) zu den Großformen erzählender Dichtung, unterscheidet sich von jenem aber durch die Gestaltung in gebundener Rede (z. B. im ➤ Hexameter oder im ➤ Blankvers). Es sucht sich in seiner ursprünglichen Form große Themen aus Mythos, Religion, Sage und Geschichte und gestaltet diese in einer feierlichen, gehobenen Stillage. Epen zählen zu den frühesten Zeugnissen der Dichtung; Beispiele dafür finden sich im mesopotamischen Raum (Gilgamesch-Epos, etwa 2100 v. Chr.) ebenso wie im antiken Griechenland (die *Ilias* und die *Odyssee* Homers) und im Römischen Reich (Vergils *Aeneis*). Heldenepen (*Nibelungenlied*) und höfische Epen (z. B. Wolfram von Eschenbachs *Parzival*) prägen die Gattung im deutschen Mittelalter. Im 18. Jahrhundert erfährt das Epos eine Wendung von der Gestaltung heroischer Stoffe hin zum Scherzhaft-Komischen (etwa bei Christoph Martin Wieland), zum Parodistischen und zum Bürgerlichen (z. B. Goethes *Hermann und Dorothea*, 1797).

➤ S. 8, 75

Französische Revolution: In den 80er Jahren des 18. Jahrhunderts verschärften sich im absolutistisch regierten Frankreich die Missstände und sozialen Gegensätze: Der Dritte Stand, der mit Großbürgern, Handwerkern, Bauern und der städtischen Unterschicht etwa 95 % der Bevölkerung ausmachte, war von Preissteigerungen und ungerechter Steuerlast aufgrund einer Budgetkrise besonders stark betroffen und sah nunmehr die Chance gekommen, die Ideen der Aufklärung in die Tat umzusetzen und dem französischen Bourbonenkönig Ludwig XVI. wichtige Rechte abzutrotzen. Am 17. Juni 1789 erklärten sich die Abgeordneten des Dritten Standes zur Nationalversammlung und beanspruchten damit die alleinige Vertretung des französischen Volkes. Ausschreitungen unzufriedener Massen im Gefolge des ➤ Bastillesturms ließen den Druck auf die Entscheidungsträger wachsen. Resultat war letztlich die Umgestaltung des französischen Staates: das Feudalsystem wurde abgeschafft, Menschen- und Bürgerrechte erklärt, das Kirchengut zum Staatseigentum umgewandelt und schließlich am 3. September 1791 die neue Verfassung verabschiedet, mit der Frankreich in eine konstitutionelle Monarchie verwandelt wurde.

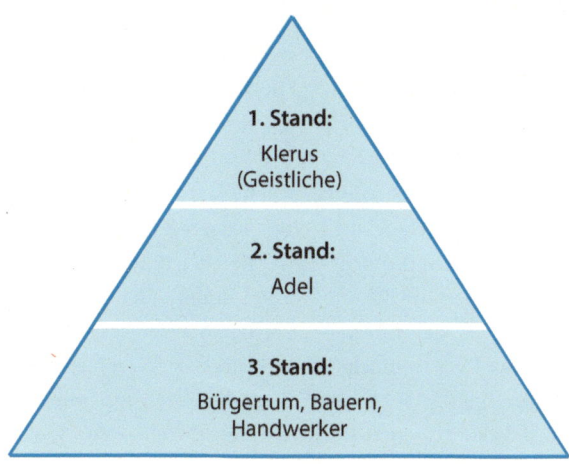

Abb. 10: Das Ständesystem vor der Französischen Revolution

Radikale Kräfte wie die ➤ Jakobiner gaben sich mit diesen Erfolgen nicht zufrieden und strebten einen Kurs in Richtung Republik an. Dabei spielten ihnen sowohl ein erfolgloser Fluchtversuch der königlichen Familie im Juni 1791 in die Hände als auch eine – letztlich vergebliche – kriegerische Intervention von Preußen und Österreich zugunsten der Bourbonen. Demokraten aus der Unterschicht, die so genannten Sansculotten, stürmten am 10. August 1792 den Tuilerienpalast, der König wurde mit seiner Familie gefangengesetzt und am 21. Januar 1793 hingerichtet. Zu diesem Zeitpunkt hatte der ➤ Nationalkonvent, die neue Volksvertretung, Frankreich bereits zu einer Republik gemacht.

Damit begann die blutigste Phase der Revolution, die Schreckensherrschaft: Der Staat reagierte auf Gegner der neuen Machthaber mit der Aufhebung von Grundrechten und dem brutalen Vorgehen gegen innere Feinde, indem er über 16 000 Menschen hinrichten ließ. Erst mit der Exekution des Revolutionsführers Maximilien de Robespierre am 28. Juli 1794 und einer neuen Verfassung kam Frankreich innenpolitisch zur Ruhe und bereitete so der späteren Herrschaft Napoleons den Boden.

➤ S. 7, 44, 52 f., 54–58, 60, 65, 80, 82, 98

Hausmacht: Der deutsche König übte seine Herrschaft nicht nur über das ➤ Heilige Römische Reich aus, sondern verfügte auch über den Besitz seiner eigenen Familie, das so genannte Hausgut. So erlangten z. B. die Habsburger mit Rudolf I. Ende des 13. Jahrhunderts die deutsche Königswürde, hatten aber bereits verstreute Besitzungen in Süddeutschland und in der heutigen Schweiz. Der Luxemburger Karl IV. und der Habsburger Maximilian I. versuchten später, die Position ihrer Dynastie innerhalb des Reichsverbandes und nach außen hin durch Hausmachtpolitik in Form von sorgfältig kalkulierten Zweckheiraten zu stärken.

➤ S. 45

Heiliges Römisches Reich: Die Kaiserkrönung Ottos I. (962) begründete die jahrhundertelange Tradition, dass die deutschen Könige Anspruch darauf erhoben, Nachfolger der antiken Römischen Kaiser zu sein. Als solche verstanden sie sich als Beschützer der lateinischen Christenheit und demzufolge als oberste europäische Monarchen, jedoch ohne politische Oberhoheit. Um die Gleichrangigkeit mit dem Papst zu unterstreichen, führte das Deutsche Reich seit 1157 die zusätzliche Bezeichnung »heilig«, ab dem 15. Jahrhundert ist die Erweiterung des Namens durch den Genitiv »Deutscher Nation« üblich. Innerhalb der europäischen Staatenwelt war das Heilige Römische Reich eine Einzelerscheinung, nämlich ein Staatengebilde ohne echte Zentralgewalt, ohne Hauptstadt und ohne einheitliche Rechtsprechung und Währung. Vielmehr war es ein Konglomerat großer und kleiner Territorien, zusammengehalten durch die Idee des Kaisertums. 1806, ein Jahr nach Schillers Tod, endete sein Bestehen mit der Niederlegung der Kaiserkrone durch Franz II. Es war einer der am längsten existierenden Staaten in der europäischen Geschichte gewesen.

➤ S. 43, 57

Helvetische Republik: Nach der Besetzung durch die Truppen Napoleons entstand auf Schweizer Boden 1798 eine französische Tochterrepublik mit zentralistischer Verfassung. Dass die neuen Verwaltungseinheiten die alten Strukturen ignorierten, weckte den Widerstand der Eidgenossen, so dass die Helvetische Republik 1803 mit der Mediationsakte aufgelöst wurde.

➤ S. 44, 52, 58

Hexameter: Auf seine Eigenart verweist bereits der Name dieses Verses: Er bedeutet so viel wie »Sechsermaß« (von griech. *hex* ›sechs‹ und *metron* ›Maß‹), also aus sechs metrischen Einheiten bestehend. In der Antike war der Hexameter für das ➤ Epos der Griechen (Homer) und der Römer (Vergil) bestimmend, in der deutschen Literatur wird er u. a. von Klopstock und Goethe, im 20. Jahrhundert von

Anton Wildgans und Gerhart Hauptmann verwendet. In der Lyrik taucht er zusammen mit der Versform des Pentameters auf und bildet so die Kurzstrophe des elegischen Distichons, auf das auch Schiller gelegentlich zurückgreift. Als Beispiel für einen Hexameter sei hier der erste Vers aus Homers *Odyssee* in der Übersetzung von Johann Heinrich Voß (1781) gegeben:

Ságe mir, Múse, die Táten des víelgewánderten Mánnes

➤ S. 8

Idylle: Obwohl die Herleitung vom griechischen Wort *eidýllion* (›Bildchen‹) etymologisch nicht korrekt ist, ist sie dennoch passend, denn mit der Form der Idylle verbinden sich bildhafte Vorstellungen wie jene vom »Goldenen Zeitalter« oder vom »locus amoenus«, einem lieblichen, paradiesischen Ort mit entsprechenden poetischen Versatzstücken wie Vogelgezwitscher, murmelnden Bächen und Blumenwiesen. Die Idylle versteht sich als utopischer Gegenentwurf zu den realen Bedingungen: Alle Menschen leben in ungetrübtem Verhältnis zur Natur, ergehen sich in wenig anstrengenden Beschäftigungen und pflegen miteinander einen harmonischen Umgang in Frieden, Anmut und Heiterkeit. Die Gattung existiert bereits seit der Antike und erlebte in der deutschen Literatur ihre letzte große Blüte im 18. Jahrhundert. Zu den wichtigsten theoretischen Äußerungen zu diesem Thema zählt Schillers Schrift *Über naive und sentimentalische Dichtung* (1795).

➤ S. 11, 39 f.

Jakobiner: Dieser radikale politische Klub, der den Kurs der ➤ Französischen Revolution maßgeblich mitbestimmte, verfolgte vor allem zwei große Ziele: den Sturz von König Ludwig XVI. und die Einführung der Republik. Der Anwalt Robespierre etablierte zusammen mit seinen Parteigängern ein revolutionäres Terrorregime, das nicht nur den französischen König und später dessen Gattin Marie-Antoinette zum Hinrichtungsplatz führen ließ, sondern auch echte wie vermeintliche »Feinde der Revolution« verfolgte, Monarchisten ebenso wie Republikaner – und nicht nur Adelige, sondern auch Arbeiter und Kleinbürger. Symbol der Jakobiner war die phrygische Mütze.

Aufgrund dieser Gewaltexzesse etablierte sich die Bezeichnung »Jakobiner« im 19. Jahrhundert für radikale politische Fundamentalisten jeder Art.

➤ S. 52 f., 58

Klassik: In der umfassenderen Bedeutung bezeichnet »klassisch« – abgeleitet von lat. *classicus* ›erstklassig, hervorragend‹ – als wertende Kategorie der Ästhetik das Überzeitliche und alles Überdauernde, Überragende und Vorbildhafte – kurz gesagt: eine künstlerische Hochleistung. Im engeren Sinne charakterisiert es eine Richtung in der deutschen Literaturgeschichte, präzisiert durch den genaueren Terminus »Weimarer Klassik« (1786–1832). Im Wesentlichen wird diese repräsentiert von Goethe und Schiller in ihren reiferen Jahren. Getragen von den Idealen und Traditionen der klassischen Antike, des Humanismus und der europäischen Aufklärung, ist die Literatur der Weimarer Klassik u. a. gekennzeichnet durch die Betonung von Maß und Harmonie, durch Ausgewogenheit (z. B. im Ausgleich von Freiheit und Ordnung), durch die Klarheit der Sprache sowie durch die Fokussierung auf den Menschen, seine Individualität, seine Grundprobleme und seine Bildung.

➤ S. 10, 27

Köpenickiade: Form einer Täuschung, die durch Kostümierung und Maskerade erreicht wird. Der Name geht auf einen Vorfall 1906 im heutigen Berliner Ortsteil Köpenick zurück, aus dem Carl Zuckmayer später eine Komödie machte.

➤ S. 92

Lehrgedicht: verbindet Merkmale poetischer Dichtung (z. B. Vers, Rhythmus, Reim) mit jenen von Gebrauchstexten (Sachinformationen zu unterschiedlichen Wissensgebieten, z. B. Philosophie, Standeslehre, Landwirtschaft, Medizin). Sein Umfang reicht von der Kürze des Epigramms bis hin zu ausladenden lyrischen Gestaltungen (z. B. Schillers *Der Spaziergang*, 1795). Seit der Antike war das Lehrgedicht ein beliebtes Medium, um das Nützliche zusammen mit dem Erbaulichen zu transportieren. In der Aufklärung erlebte diese literarische Form ihre letzte große Blüte, ihre Nachwirkung reicht aber bis zu Brecht und dessen Nachahmern.

➤ S. 50

Metapher: von griech. *metáphérō* ›hereintragen, anderswohin bringen‹ – eine auch in der Alltagssprache weit verbreitete Form bildhafter Rede. Aristoteles definiert sie in seiner *Rhetorik* als verkürzten Vergleich, in seiner *Poetik* spricht er von der Verwendung eines Begriffs in einer uneigentlichen Bedeutung. Folgender Satz ist ein Beispiel für einen Vergleich: »Dank seiner Kanäle und Brücken wirkt Amsterdam wie ein Venedig, das im Norden liegt.« Tilgt man das Wort »wie«, wird daraus eine Metapher: »Amsterdam ist das Venedig des Nordens« – eine Aussage, die – wörtlich genommen – im neuen Kontext durchaus widersinnig wirken kann, da Amsterdam nicht mit Venedig identisch ist. Dadurch, dass Sachverhalte mit vertrauten Begriffen auf ungewöhnliche Art umschrieben werden, eröffnen sich für sprachlichen Einfallsreichtum unendliche Möglichkeiten.

➤ S. 23

Monolog: von griech. *mónos* ›allein‹ und *logos* ›Rede‹; bezeichnet im Gegensatz zum Dialog das Selbstgespräch einer Figur. Im Drama kann der Monolog unterschiedliche Funktionen übernehmen:

Als **epischer Monolog** unterrichtet er über Begebenheiten, die auf der Bühne nicht präsentiert werden, indem er beispielsweise über zuvor stattgefundene Ereignisse informiert;

- als **lyrischer Monolog** offenbart er die Gefühlswelt der Figuren;
- als **Reflexionsmonolog** lässt er Figuren laut nachdenken, etwa über ihre momentane Situation;
- als **Entscheidungs- oder Konfliktmonolog** legt er die inneren Spannungen und Verstrickungen einer Figur dar, gleichsam als Dialog mit sich selbst über unterschiedliche Handlungsoptionen.

Nicht immer lässt sich ein Monolog eindeutig einem dieser Formen zurechnen; so vereinigt Tells großer

Monolog in Szene IV,3 Charakteristika aller dieser Typen: Bilanz des Bisherigen, Offenbarung des Seelenlebens, Rechtfertigung und Entschluss zur Tat.

➤ S. 23, 78

Mythos: Das griechische Wort bedeutet ›Erzählung‹ – und das sind Mythen auch, indem sie über Götter, göttliche Wesen oder Menschen mit außergewöhnlichen Fähigkeiten berichten. Als »Erzählungen ohne Erzähler« helfen sie seit Menschengedenken mit, die Welt zu entschlüsseln und das menschliche Dasein zu erklären. Sie schildern das Wirken von Mächten und Kräften außerhalb der sinnlich wahrnehmbaren Wirklichkeit und der geschichtlichen Überlieferung, indem sie u. a. Naturphänomene deuten, vom Anfang und vom Ende der Welt Zeugnis ablegen und Vorstellungen über das Jenseits und die Unterwelt weitergeben. Als moderne Mythen des Alltags gelten Marilyn Monroe und Che Guevara, Rhein und Venedig, Vampire und Superhelden, die dank ihrer Symbolkraft ebenso bei der Aneignung und Ordnung der Welt mitwirken wie bei der Herausbildung von Identitäten und bei der Vermittlung von Wertvorstellungen.

➤ S. 52, 57, 88 f.

Nationalkonvent: Gleichzeitig mit der Umwandlung Frankreichs von der Monarchie in eine Republik bildete sich aus der französischen Nationalversammlung im September 1792 eine verfassungs- und gesetzgebende Instanz (frz. *Convention nationale*). Sie blieb bis nach der Hinrichtung des radikalen ➤ Jakobiners Robespierre aktiv und endete 1795 mit der Gründung des Direktoriums, der letzten Regierungsform der ➤ Französischen Revolution. Der Nationalkonvent begleitete die Phase der Schreckensherrschaft, setzte zahlreiche soziale und politische Ideen der Revolution in die Tat um sowie Maßnahmen zur Förderung von Bildung und Wissenschaft, führte einen bis 1805 gültigen neuen Kalender ein und wehrte die Intervention europäischer Monarchen im Ersten Koalitionskrieg (1792–1797) erfolgreich ab.

➤ S. 53 f., 60

Naturrecht: Das *jus naturale* ergibt sich aus der menschlichen Natur und ist objektiv aus der Vernunft abzuleiten. Es ist ebenso wenig an Zeit, Ort und politische Ordnungen gebunden wie an individuelle Eigenschaften (z. B. Geschlecht, Alter) und verfolgt allgemeine Grundsätze wie Gerechtigkeit und Freiheit. Vom positiven Recht, also von den konkret durch den Menschen gesetzten, verbindlichen Normen, unterscheidet es sich u. a. durch seine Unabänderlichkeit. Die Idee des Naturrechts entspringt der antiken Philosophie, wurde aber besonders intensiv von den Denkern der Aufklärung diskutiert, z. B. von Jean Bodin, Thomas Hobbes und Immanuel Kant.

➤ S. 54

Phrygische Mütze: ➤ Jakobiner.

➤ S. 58

Reichsschrifttumskammer: Im Rahmen der von Reichspropagandaminister Josef Goebbels 1933 gegründeten Reichskulturkammer überwachte die Reichsschrifttumskammer (RSK) den Literaturbetrieb des Dritten Reiches. Die Mitgliedschaft in diesem Berufsverband war verpflichtend für all jene Personen, die mit der Herstellung und Verbreitung von Büchern befasst waren. So konnte die RSK alle Autoren vom literarischen Markt ausschließen, die den nationalsozialistischen Machthabern aus Gründen ihrer Abstammung, ihrer Ideologie oder ihrer sexuellen Orientierung unerwünscht waren. Als Lenkungs- und Kontrollorgan steuerte sie das Angebot an Büchern beispielsweise durch Zensur, Schreib- und Publikationsverbote sowie durch das Aussortieren von Bibliotheksbeständen.

➤ S. 86

Sage: Als Kurzform der epischen Dichtung weist die Sage markante Gemeinsamkeiten mit dem Märchen auf: Bei beiden handelt sich um sehr alte Formen des Erzählens, die ursprünglich mündlich tradiert wurden. Beide berichten gerne von wunderbaren, rational nicht nachvollziehbaren Begebenheiten, wobei es auch zu Überschneidungen im Motiv- und Figurenarsenal kommt: Zwerge, Riesen und Drachen tauchen hier wie dort auf. Allerdings wählt sich die Sage kein imaginäres Phantasieland zu seinem Schauplatz, sondern stellt konkrete Bezüge zu einem bestimmten Ort oder zu einer bestimmten Zeit her. Auch das Irrationale ist nicht zwingend gegeben, und wenn es auftaucht, dann bricht es als etwas Fremdes und Außergewöhnliches in die reale Welt ein. Wie das Märchen weiß auch die Sage, was gut und was böse ist, jedoch ist sie ernster gestaltet und mündet nicht zwangsläufig in einem Happy End. Die wohl bekannteste Sagensammlung ist jene der Brüder Grimm (1816/18), deren Auswahl ein gesamtdeutsches Panorama liefert und auch unterschiedlichste Ausprägungen dieser Textsorte präsentiert (Natursagen, Gespenster-sagen, Teufelssagen, historische Sagen u. a.).

➤ S. 7 f., 36 f., 46–49, 90, 100

Schauerliteratur: Mit Geistererscheinungen und Geheim-bünden, Doppelgängern und unheimlichen Schauplätzen wie Verliesen, Friedhöfen oder verrotteten Schlössern stillten die Schauerromane das Bedürfnis des Leserpubli-kums im 18. Jahrhundert nach Abenteuer und Spannung. Erzählt wurde von Rätselhaftem, Gespenstischem und Gruseligem, wobei sich die schauerlichen Geheimnisse durchaus auch auf rationale Art erklären ließen. Wegberei-ter des Genres waren Autorinnen und Autoren aus Eng-land (u. a. Horace Walpole, Matthew Gregory Lewis, Mary Shelley), deren »Gothic Novels« großen Einfluss auf ande-re Schriftsteller wie etwa E. T. A. Hoffmann oder Edgar Al-lan Poe ausübten.

➤ S. 77

Schauspiel: einerseits ein Oberbegriff, seit dem 16. Jahr-hundert gleichbedeutend mit »Theaterstück« oder »Dra-ma«; andererseits im engeren Sinn ein zwischen Trauer-spiel und Lustspiel angesiedeltes Bühnenwerk, das einen ernsten Konflikt präsentiert, diesen aber nicht – wie die ➤ Tragödie – in einer Katastrophe münden lässt, sondern einem positiven, versöhnlichen Ende zuführt. Deswegen wird das Schauspiel gelegentlich auch als »Lösungsdra-ma« bezeichnet. Anders als in der Komödie spielt Heite-res – wenn überhaupt – bloß eine untergeordnete Rolle. Neben Schillers *Wilhelm Tell* sind u. a. die ›dark come-dies‹ von William Shakespeare (u. a. *Maß für Maß*) zu nennen, Lessings *Nathan der Weise*, Goethes *Iphigenie* *auf Tauris* sowie *Das Käthchen von Heilbronn* von Heinrich von Kleist.

➤ S. 8, 10, 22, 27, 34, 41, 62, 79, 83, 87, 99

Schreckensherrschaft: ➤ Französische Revolution.

➤ S. 97

Sentenz: von lat. *sententia* ›Meinung, Gesinnung, Urteil‹. Die Sentenz ähnelt einem Aphorismus, also einem kurzen Sinn- oder Denkspruch, der einen Gedanken in eine pointierte, rhetorisch eingängige sprachliche Form bringt. Als ›geflügelte Worte‹ sind Sentenzen zum Zitiergut geworden, das Lesern u. a. zum Nachweis ihrer literarischen Bildung dient. Gerade Schiller ist für diesen Prozess ein ebenso populäres wie vielgescholtenes Beispiel. Für seinen Zeitgenossen Clemens Brentano war er Lieferant von »Stammbuchstückchen«, d. h. von zweckentfremdeten Gedankensplittern und Zitatbrocken, die aus dem Zusammenhang gerissen und für den Alltagsgebrauch entwertet wurden.

➤ S. 22, 77

Sturm und Drang: In den 70er und frühen 80er Jahren des 18. Jahrhunderts verliehen einige junge Intellektuelle dem Unmut ihre Stimme, den sie über die herrschenden Verhältnisse in der Literaturszene und in der Gesellschaft hegten. In der Literaturwissenschaft trägt diese kurzlebige Phase der deutschen Literatur die Bezeichnung »Sturm und Drang«, benannt nach einem Theaterstück (1777) eines ihrer Vertreter, Friedrich Maximilian Klinger. Neben ihm gehören auch der junge Goethe sowie der junge Schiller zu den bekanntesten Repräsentanten dieser Strömung; Letzterer betritt allerdings relativ spät die literarische Bühne und das ›drängerische‹ Pathos, das seine Frühwerke charakterisiert, wird von einem Teil der Forschung bloß als Imitation des Sturm und Drang verstanden.

Zu den Kennzeichen dieser literaturgeschichtlichen Periode zählen:

• die Berufung auf die unumschränkte künstlerische Gestaltungsfreiheit des **Genies**;

• die **Entdeckung neuer literarischer Vorbilder** (Homer, Shakespeare) anstatt dem Befolgen alter oder zeitgenössischer Autoritäten (französische Regelpoetik, Johann Christoph Gottsched, Christoph Martin Wieland);

• die Gestaltung **subjektiver Empfindungen und Gefühle** (z. B. in der Darstellung von ›Kraftmenschen‹, die den Individualismus auf die Spitze treiben);

• das Aufgreifen **aktueller Zeitprobleme** (z. B. Kindesmord, Gegensatz zwischen Adel und Bürgertum);

• die künstlerische Veredelung **volkstümlicher literarischer Formen** (z. B. Ballade, Volkslied);

• die **Lockerung des Formzwangs**: freie Rhythmen in der Lyrik, im Drama ungebundene Rede und offene Form (Kurzszenen sowie die Aufgabe der Einheiten von Handlung, Raum und Zeit).

➤ S. 25, 72 f.

Tragödie: Die Tragödie lässt sich auf das Theater des antiken Griechenlandes zurückführen. Im Gegensatz zum

➤Schauspiel erfahren die in ihr vorkommenden ernsten Konflikte keine glückliche Auflösung. Am Ende warten auf den oder die Helden der Tod oder die Vernichtung des Lebenssinns. Das ausweglose Unheil, das dem Protagonisten widerfährt, nimmt dieser bewusst wahr und steht eng mit dem Begriff der Schuld in Zusammenhang. Ursprünglich wirkte das Tragische umso erschütternder, je höher der Held in der sozialen Rangordnung positioniert war – Könige und Fürsten hatten eben mehr zu verlieren. Diese so genannte Ständeklausel wurde im Verlauf der Dramengeschichte zunehmend aufgeweicht, beginnend bereits im Barock, in großem Maße aber mit dem ➤ Bürgerlichen Trauerspiel des 18. Jahrhunderts. Radikal verringert wird die tragische Fallhöhe in Georg Büchners 1836 begonnenem Dramenfragment *Woyzeck*, das einen Repräsentanten des Vierten Standes zu seinem (Anti-)Helden macht.

➤ S. 9, 66, 74–76

Trilogie: von griech. *tréis* ›drei‹ und *lógos* ›Rede, Handlung‹; ein lyrisches, dramatisches oder episches Kunstwerk, das aus drei stofflich und gehaltlich miteinander verknüpften Teilen ein größeres, einheitliches Ganzes ergibt. Das Strukturprinzip der Trilogie hat auch für filmische und musikalische Werke seine Gültigkeit. Dramentrilogien, die sich von der antiken Spielpraxis ableiten, finden sich in der deutschen Literatur u. a. bei Schiller, Franz Grillparzer, Friedrich Hebbel und Georg Kaiser.

➤ S. 66, 73

Volkssouveränität: der Gedanke, dass die Gesamtheit des Volks Träger der souveränen Gewalt eines Staates, also seiner rechtlichen Selbstbestimmung, sein sollte. Nach dem

Staatstheoretiker Marsilius von Padua (1275–1342), der seinerseits auf Gedanken von Aristoteles aufbaute, behandelte und verfeinerte Jean-Jacques Rousseau das Konzept im Zuge seiner Lehre vom Gesellschaftsvertrag ausgiebig (*Du contrat social*, 1762). Im Zuge des Unabhängigkeitskampfs der englischen Kolonien in Amerika und der ➤ Französischen Revolution entwickelte sich die Volkssouveränität zu einem Grundprinzip im Kampf um das Etablieren einer demokratischen Staatsordnung.
➤ S. 56

Vormärz: Der Epochenbegriff bezieht sich auf ein politisches Ereignis, nämlich die deutsche Märzrevolution von 1848. Er umfasst die progressive, oppositionelle und systemkritische Literatur, etwa Werke von Ludwig Börne, Heinrich Heine oder Georg Herwegh. In der Literaturwissenschaft ist der Terminus nicht unumstritten, da sein Bedeutungsumfang wenig scharf konturiert ist und er mit Bezeichnungen wie »Junges Deutschland« oder ➤ »Biedermeier« in Konkurrenz steht.
➤ S. 62

Waldstätte: die drei Schweizer Urkantone Uri, Schwyz und Unterwalden. Ihr Zusammenschluss im August 1291 zum »Ewigen Bund« gilt als Geburtsstunde der Eidgenossenschaft.
➤ S. 13, 26, 42, 45

Zeitstück: Form des Dramas, das aktuelle politische und gesellschaftliche Themen dergestalt für die Bühne bearbeitet, dass dem Publikum die dahinterstehende Problematik anschaulich vor Augen geführt wird.
➤ S. 72

Reclam Kompaktwissen XL

Die perfekte Vorbereitung auf das Abitur!

Yomb May:
Abiturwissen Deutsch
ISBN 978-3-15-015237-9

Alles, was man wissen muss:

- Sprache und Kommunikation
- Literarische Gattungen
- Deutsche Literaturgeschichte
- Rhetorik und Stilistik
- Filmanalyse

+ Wiederholungskurs Grammatik und Rechtschreibung